The
Śabdajyotsnā
of
Pandit Bhiksharam

पण्डितभिक्षारामप्रणीत
शब्दज्योत्स्ना

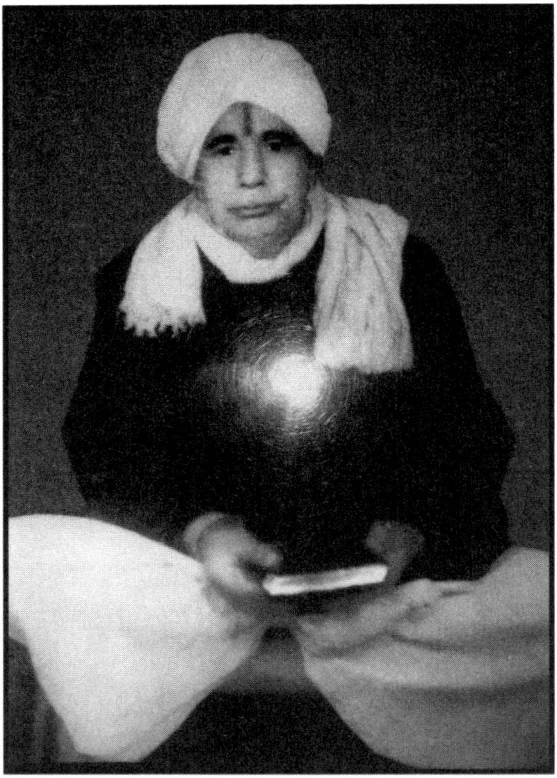

(१८८७-१९७५)

।। त्वदीया कृतिराचार्य ! तुभ्यमेव समर्पिता ।।

THE

ŚABDAJYOTSNĀ

of

Pandit Bhiksharam

(A New Sanskrit Grammar)

Edited by

Shri Krishan Sharma

DK PRINTWORLD

Publishers of Indian Traditions

पण्डितभिक्षारामप्रणीत

शब्दज्योत्स्ना

(अभिनव संस्कृतव्याकरण)

सम्पादक

श्रीकृष्ण शर्मा

DK PRINTWORLD

Publishers of Indian Traditions

Cataloging in Publication Data — DK
[Courtesy: D.K. Agencies (P) Ltd. <docinfo@dkagencies.com>]

Bhikṣārāma, 1887-1975.
Śabdajyotsnā : abhinava Saṃskṛtavyākaraṇa / Bhikṣārāmapraṇīta; sampādaka, Śrīkṛṣṇa Śarmā.
p. cm.
In Sanskrit; prefatory matter in English and Hindi.
ISBN 13: 9788124606629

1. Sanskrit language – Grammar. I. Śarmā, Śrīkṛṣṇa, 1954- II. Title. III. Title: Śabdayotsna of Pandit Bhiksharam.

DDC 491.25 23

First published in 2013
ISBN 13: 978-81-246-0662-9 (HB)

Printed and published by:
D.K. Printworld (P) Ltd.
Regd. Office: 'Vedaśrī', F-395, Sudarshan Park
Ramesh Nagar Metro Station
New Delhi - 110 015
Phones: (011) 2545 3975; 2546 6019; *Fax*: (011) 2546 5926
e-mail: indology@dkprintworld.com
Website: www.dkprintworld.com

Lt Gen (Dr) DDS Sandhu, PVSM ADC (Retd.)
D. Litt. (Mgt.), Ph.D., M.Phil., MBA, M.Sc., MMM, MDBA
VICE-CHANCELLOR
Former V.C., Guru Jambheshwer University of S&T
Former Director General Ordnance Services
Patron, Asian Council of Logistics Board
Member, Board of Studies, IIMM
Fellow of British Institute of Management
Hony Fellow of Indian Institute of Mtrls Management
Member, Advisory Board, RCA, AMU, Aligarh
Member, Governing Body of Haryana Academy of History and Culture
Member, NE Regional Institute of Sc. & Tech., Nirujali, Arunachal Pradesh
Member, Haryana State Higher Education Commission
Member, Governing Board, Baddi University (HP)
Member, Haryana State Innovation Council

Kurukshetra University,
Kurukshetra - 136 119 (INDIA)
(Established by the State Legislature Act XII of 1956)
("A" Grade, NAAC Accredited)

Foreword

IT gives me a genuine satisfaction that Dr Shri Krishan Sharma, Professor, Institute of Sanskrit & Indological Studies, Kurukshetra University, Kurukshetra, has done the commendable work of editing a rare treatise the *Śabdajyotsnā*, a new Sanskrit grammar composed by Pt Bhiksharam of village Barana (Kurukshetra) during 1942-45.

In order to promote intensive research in Sanskrit and Indology in the state of Haryana, on the eve of Silver Jubilee of Kurukshetra University, the Institute of Sanskrit & Indological Studies was established on the campus of this university. The foremost aim of this Institute has also been to edit and publish rare treatises procured in the form of manuscripts. On the holy land of Kurukshetra, the publication of such manuscript of the *Śabdajyotsnā* — a scholarly grammar — can be taken as an important step to fulfil the aim of the Institute.

I congratulate Dr Sharma for getting this work published. I hope, the publication of this treatise will bring forth the glorious cultural heritage and Śāstric tradition of Kurukshetra as well as of Haryana to the scholars of Sanskrit.

(D.D.S. Sandhu)

Phones : 01744-238039 (Off.), 238021 (Resi.), Fax : 238277
Email : vc.kuk@rediffmail.com

Lt Gen (Dr) DDS Sandhu, PVSM ADC (Retd.)
D. Litt. (Mgt.), Ph.D., M.Phil., MBA, M.Sc., MMM, MDBA
VICE-CHANCELLOR
Former V.C., Guru Jambheshwer University of S&T
Former Director General Ordnance Services
Patron, Asian Council of Logistics Board
Member, Board of Studies, IIMM
Fellow of British Institute of Management
Hony Fellow of Indian Institute of Mtrls Management
Member, Advisory Board, RCA, AMU, Aligarh
Member, Governing Body of Haryana Academy of History and Culture
Member, NE Regional Institute of Sc. & Tech. Nirujali, Arunachal Pradesh
Member, Haryana State Higher Education Commission
Member, Governing Board, Baddi University (HP)
Member, Haryana State Innovation Council

Kurukshetra University,
Kurukshetra - 136 119 (INDIA)
(Established by the State Legislature Act XII of 1956)
("A" Grade, NAAC Accredited)

पुरोवाक्

मुझे यह लिखते हुए बहुत हर्ष हो रहा है कि हमारे विश्वविद्यालय के संस्कृत एवं प्राच्यविद्या संस्थान के शिक्षक प्रोफेसर श्रीकृष्ण शर्मा ने कुरुक्षेत्र भूमि के अन्तर्गत बारणा गाँव में पण्डित भिक्षाराम द्वारा 1942–45 में लिखित नवीन संस्कृत व्याकरण ग्रन्थ *शब्दज्योत्स्ना* के समीक्षात्मक सम्पादन और अनुशीलन का महत्त्वपूर्ण कार्य किया है।

हरियाणा राज्य में संस्कृत एवं प्राच्यविद्या से सम्बद्ध शोधकार्य को प्रोन्नत करने के लिए कुरुक्षेत्र विश्वविद्यालय की रजत जयन्ती के अवसर पर विश्वविद्यालय परिसर में संस्कृत एवं प्राच्यविद्या संस्थान की स्थापना की गई थी। पाण्डुलिपियों के रूप में संरक्षित दुर्लभ ग्रन्थों का सम्पादन और प्रकाशन करना भी इस संस्थान का अन्यतम उद्देश्य रहा है। कुरुक्षेत्र भूमि में लिखित इस शास्त्रीय ग्रन्थ *शब्दज्योत्स्ना व्याकरण* का सम्पादन संस्थान की लक्ष्यपूर्ति की दृष्टि से भी महत्त्वशाली कहा जा सकता है।

मैं प्रोफेसर श्रीकृष्ण शर्मा को इस श्रमसाध्य सम्पादन और सुन्दर प्रकाशन कार्य के लिये साधुवाद देता हूँ। आशा है, इस ग्रन्थ के प्रकाशन से संस्कृत विद्वानों को कुरुक्षेत्र के साथ-साथ हरियाणा प्रदेश की समृद्ध सांस्कृतिक सम्पदा और प्राचीन शास्त्रीय परंपरा का परिचय प्राप्त होगा।

(डी.डी.एस. संधू)

Phones : 01744-238039 (Off.), 238021 (Resi.), Fax : 238277
Email : vc.kuk@rediffmail.com

Ministère de l'Education Nationale, de l'Enseignement supérieur
et de la Recherche
ECOLE PRATIQUE DES HAUTES

Paris, 24 July 2012.
Lectori Salutem,

Opinions

IT is my pleasure to recommend the original Sanskrit grammar the *Śabdajyotsnā*, composed by Pt Bhiksharam (1887–1975) and now edited by Prof. Shri Krishan Sharma, to the public. The main importance of the work as can be judged from the now published Part I will be in its function as a critical research tool for specialists and students in Pāṇini's grammar and the work of other Sanskrit grammarians. As in the reordered Pāṇinian grammar of Bhaṭṭoji, the *Siddhāntakaumudī*, the rules are grouped under logical headings like *sandhi*. However, the formulation of each rule is complete, independent and straightforward as it does not require to be supplemented through *anuvṛtti* from (sometimes very distant) other rules. The work can be studied with profit by those who have already a solid basis in Sanskrit grammar and in Pāṇinian techniques of word formation.

The work is full of precious observations on Sanskrit grammar, often in the form of original *kārikā*s. Among the sections of the first part, the one dealing with *kāraka*s is of considerable theoretical importance because of the central role the *kāraka*s in Pāṇini's grammar and because of their uniqueness in comparison with grammars from the Western tradition.

Prof. Sharma is to be praised for his thorough work as learned editor of this text of which only a very small part had been edited and published before. Even if its author had intended it as a simpler description of the Sanskrit language, the *Śabdajyotsnā* is, after all, a quite difficult text because of its profound and independent treatment of the complexities of Sanskrit grammar.

Jan E.M. Houben
Directeur d Etudes « Sources et Histoire de la Tradition Sanskrite »
Ecole Pratique des Hautes Etudes,
Sciences Historiques et Philologiques,
A la Sorbonne, 45-47, rue des Ecoles,
75005 PARIS (France)

Preface

THE publication of the *Śabdajyotsnā* has been a long desideratum since August 1985. Rameshwar Dutt Sharma of Bhiwani (Haryana) exhibited some manuscripts of the *Śabdajyotsnā* along with its printed portion up to *sandhi* chapter before the participants in the All-India Seminar on Manuscriptology, organized under joint auspices of the Institute of Sanskrit & Indological Studies and Department of Sanskrit in Kurukshetra University on 16-19 August 1985. At that time, Sharma entrusted the publication of this important treatise to me.

I considered myself fortunate and honoured to have this assignment of my interest. I tried my best to collect all manuscripts from the native place of the author, i.e. village of Bāraṇā near Kurukshetra. Four manuscripts were procured from the house of Hira Lal Parashar, grandson of Pt Bhiksharam. All of three manuscripts were incomplete and only one of them was having beginning and end and that too with the missing *samāsa* chapter and starting portion of the *taddhita*. Besides, much time was lost in trying to recover these missing portions. The inordinate delay in the publication of this work was very painful to me, while the family members of the author were very keenly interested to have the book published soon.

During this period, I used to make a collation of the manuscripts along with a critical study. As a result, a research paper on the critical introduction to the *Śabdajyotsnā* was presented in the Indian Linguistics Section of the 35th Session of the All-India Oriental Conference held at Hardwar on 16-18 November 1990. In making the assessment of this treatise, scholars insisted that I should bring out a critical edition of this work.

Surendra Kumar, Research Scholar, submitted his thesis for Ph.D. degree of Kurukshetra University in June 2008 under my supervision, which was based on only one MS. of the *Śabdajyotsnā*. The examiner of the thesis Ved Kumari Ghai (Jammu), an eminent grammarian, encouraged me to edit this treatise critically on the basis of critical apparatus available.

In this sequence, another research paper — "Śabdajyotsnā: A Less-known Sanskrit Grammar by Pt Bhiksharama of Kurukshetra" — was also presented before the galaxy of scholars of various countries in the Vyākaraṇa Section of the 14th World Sanskrit Conference organized by International Association of Sanskrit Studies (France) held at Kyoto University, Kyoto, Japan, on 1-5 September 2009. In the same way, scholars like Ram Karan Sharma (Ex-President of IAAS, France) and others appreciated the work and felt the necessity of the publication of this important new text.

The editorial board consisting of eminent linguists and renowned grammarians George Cardona (U.S.A.), Ashok N. Aklujkar (Canada) and Hideyo Ogawa (Japan) invited my paper for inclusion in the Proceedings of the Vyākaraṇa Section of the 14th World Sanskrit Conference and the same was published in the proceedings (pp. 359-69) entitled *Studies in Sanskrit Grammars* (New Delhi: D.K. Printworld) in 2012.

It was a great encouragement for me. As a result, this part of the *Śabdajyotsnā* is in your worthy hands.

The Critical Apparatus

The present edition of the *Śabdajyotsnā* is based on four MSS. written by the author himself and a printed portion upto *sandhi* chapter. The account of this critical apparatus is given below:

<u>**MS. A**</u>

1. MS. No.	: Nil
2. Substance	: Local paper (notebook), written on both sides in black ink with wooden pen (*kalama*).
3. Leaves (folios)	: 42
4. Size	: 21 × 17 cm
5. a) No. of lines per page	: 11
b) Syllables per line	: 19-20 (approx.)
6. Character	: Devanāgarī
7. Remarks	: (a) Text is dislocated. (b) Contains: संज्ञा, सन्धि, षड्लिङ्ग, स्त्रीप्रत्यय (incomplete) only. (c) Tough in reading.
It begins with	: ओ३म् श्री गणेशाय नमः। अ इ उ ण् १। ऋ लृ क् २। ....
It ends	: या स्वयमेव अध्यापयति सा उपाध्याया उपाध्यायानी वा। आचार्यान्न णत्वम्।

MS. B

1. MS. No.	: Nil
2. Substance	: Local paper, written on one side in black/blue ink with wooden pen (*kalama*).
3. Leaves (folios)	: 8 + 129 = 137 (folio no. 89 not available)
4. Size	: 23×15 cm
5. a) No. of lines per page	: 16-18
b) Syllables per line	: 15-16 (approx.)
6. Character	: Devanāgarī
7. Remarks	: (a) Colour of paper is white/pink/yellow/blue. (b) Text is fair and neat. (c) Contains: भूमिका (in Hindi), षड्लिङ्ग, अव्यय, स्त्रीप्रत्यय and कारकप्रकरण only.
It begins with	: ओ३म् श्री गणेशाय नमः। हरिं श्रीशं ध्यात्वा .... ।।
It ends	: कस्य केन कम् कस्मिन् निमित्तं निमित्तेन वा सर्वा विभक्तयो भवन्ति। अन्यच्छन्द:प्रकरणे। इति कारकाणि।।

MS. C

1. MS. No.	: Nil
2. Substance	: Local paper, written on one side in black and blue ink with wooden pen (*kalama*).
3. Leaves (folios)	: 452 (folio no. 23 is missing)
4. Size	: 21×17 cm
5. a) No. of lines per page	: 16

(b) Syllables per line	: 16-17 (approx.)
6. Character	: Devanāgarī
7. Remarks	: (a) Text is very clear. (b) Paging is disturbed. (c) Contains: संज्ञा, सन्धि, षड्लिङ्ग, अव्यय, स्त्रीप्रत्यय, कारक, समास (only one *sūtra*, rest is missing), तिङन्त (दश गण-प्रक्रिया) and कृदन्त प्रकरण।
It begins with	: ओ३म् श्री गणेशाय नमः। विद्याराजं हयग्रीवम् .... ।।
It ends	: सिते माघे मासे शरमिततिथौ श्रीगुरुदिने द्विसाहस्रे चाब्दे नरपतिवरे विक्रमकृते। स्वशिष्याणां बोधो भवतु सपदीत्थं स्मृतियुतो बुधो भिक्षारामः कुरुसदनवासी व्यरचयत्।। ।। इति शब्दज्योत्स्ना ।।

MS. D

1. MS. No.	: Nil
2. Substance	: Local paper, written on both sides in black ink with wooden pen (*kalama*).
3. Leaves (folios)	: 60
4. Size	: 21×17 cm
5. a) No. of lines per page	: 15-16
b) Syllables per line	: 14-15 (approx.)
6. Character	: Devanāgarī
7. Remarks	: (a) Paging and serial numbers of *sūtra*s are disturbed. (b) Contains: भूमिका, संज्ञा, सन्धि, षड्लिङ्ग, अव्यय and स्त्रीप्रत्यय (incomplete) chapters.

It begins with	:	अथ भूमिका शब्दज्योत्स्नाया:। इन्द्रश्चन्द्र: काशकृत्स्न .... ।
It ends	:	असंज्ञेति किम्। सुराज्ञी नगरी वेदे शतमूर्द्धनी।।

Śabdajyotsnā Published by Shri Gauri Shankar, Kurukshetra University, Kurukshetra, 1958, pp. ii + 20. It was published under the supervision of the author up to *sandhi* chapter. It contains 120 *sūtra*s (exactly 121; as serial number 97 has been repeated for two *sūtra*s on p. 16). It is the base of the present edition up to *sandhi* chapter.

It begins with	:	अथ शब्दज्योत्स्नाया: भूमिका इन्द्रश्चन्द्र: काशकृत्स्न .... ।
It ends	:	पादपूर्तौ सत्यां सशब्दात् सोर्लोप:। सैष दाशरथी राम: सैष भीमो महाबल:। सैष कर्णो महात्यागी सैष ब्रह्मा चतुर्मुख:।। इति कुरुक्षेत्रान्तर्वर्त्तिबारणाग्रामाभिजनेन पण्डितप्रवरश्रीजगन्नाथसूनुना वेदवेदाङ्गाचार्येण श्रीभिक्षारामशास्त्रिणा विरचितायां शब्दज्योस्नायां सन्ध्यन्त: प्रथमो भाग:। अवशिष्टो भागोऽपि विद्वत्प्रसादाद् भगवत्कृपात: शीघ्रमेव विदुषां सेवायामुपस्थापयिष्यत इत्याशास्महे।

Acknowledgements

AT first, I express my heartfelt gratefulness to Lt. Gen. D.D.S. Sandhu, PVSM, ADC (Retd.), Vice-Chancellor, Kurukshetra University, Kurukshetra, who has very kindly contributed the foreword to this edition as a token of his blessings.

I am also very much thankful to the family members of Pt Bhiksharam, especially to Hira Lal Parashar (Bāraṇā), who very happily lent me the manuscripts of the *Śabdajyotsnā*, preserved in his house carefully and took keen interest in its publication.

George Cardona, Professor (Emeritus) of Linguistics at the University of Pennsylvania (U.S.A.), Ashok N. Aklujkar, Professor (Emeritus) of Sanskrit and Related Subjects, Department of Asian Studies, University of British Columbia (Canada) and Hideyo Ogawa, Professor, Department of Indian Philosophy, Graduate School of Letters, Hiroshima University, Hiroshima (Japan) deserve my sincere acknowledgement for their valuable, critical suggestions regarding the improvement in my research paper entitled "*Śabdajyotsnā* : A Less-known Sanskrit Grammar by Pt Bhiksharama of Kurukshetra", which was published in the *Proceedings of the Vyākaraṇa Section of the 14th World Sanskrit Conference, Kyoto, Japan*.

I must express my deep gratitude to Jan E.M. Houben (Paris-France), who has made his profound observations regarding the *Śabdajyotsnā* and its critical edition.

Aruna Sharma, Professor and Chairperson, Dept. of Sanskrit, Pali and Prakrit, Kurukshetra University, Kurukshetra, also deserves my thanks for her praiseworthy co-operation in preparing of various lists.

S.M. Mishra, an erudite scholar of Indian Philosophy, Reader, Dept. of Sanskrit, Pali and Prakrit, Kurukshetra University, Kurukshetra deserves my appreciations for his academic collaboration accorded from time to time.

I am thankful to Preet Singh Snehi of Kurukshetra, who has prepared a fair copy of the text for my use.

My thanks are due to Susheel K. Mittal of D.K. Printworld, New Delhi, for a nice printing of the book in a very short period.

I am sure, this attempt will be considered as a significant contribution from the author of the *Śabdajyotsnā* to the tradition of Sanskrit grammar.

There may be some defects in the editing of this publication, so I would like to say in this regard:

yādṛśaṁ pustakaṁ dṛṣṭaṁ tādṛśaṁ likhitaṁ mayā |
tathāpi cedaśuddhiḥ syāt mama doṣaḥ sa vidyate | |

26 July 2012 **Shri Krishan Sharma**

आमुख

शब्दज्योत्स्ना के प्रस्तुत प्रकाशन का उपक्रम अगस्त 1985 से विचाराधीन रहा है। रामेश्वर दत्त शर्मा (भिवानी, हरियाणा) ने कुरुक्षेत्र विश्वविद्यालय में 16–19 अगस्त 1985 को संस्कृत एवं प्राच्यविद्या संस्थान तथा संस्कृत विभाग द्वारा "पाण्डुलिपिविज्ञान" विषय पर संयुक्त रूप से आयोजित राष्ट्रिय संगोष्ठी में सहभागिता करते हुए *शब्दज्योत्स्ना* का सन्धिप्रकरणपर्यन्त प्रकाशित भाग और कुछ पाण्डुलिपियाँ देश के विभिन्न भागों से समागत विद्वद्वृन्द के समक्ष प्रदर्शित की थीं। उस समय शर्मा ने इसके प्रकाशन का दायित्व मुझे सौंपा था। मैंने मेरी रुचि का विषय पाकर इसे अपना सौभाग्य समझा।

शब्दज्योत्स्ना के प्रणेता पण्डित भिक्षाराम के गाँव बारणा (कुरुक्षेत्र) जाकर मैंने ग्रन्थ की सारी पाण्डुलिपियाँ प्राप्त कीं, जो सभी अपूर्ण थीं। एक पाण्डुलिपि आद्यन्त मिली, किन्तु उसमें भी पूरा समास-प्रकरण और उससे जुड़े हुए तद्धित-प्रकरण का प्रारम्भिक भाग लुप्त था। इन दोनों प्रकरणों के मिलने की आशा में काफी समय निकल गया। यह अवाञ्छित विलम्ब मेरे लिये कष्टदायक था और पण्डितजी के आत्मीय जन भी इस ग्रन्थ को शीघ्र ही मुद्रित रूप में देखने के इच्छुक थे।

इसी मध्य मैंने उपलब्ध पाण्डुलिपियों के परितुलन के साथ-साथ उनका समीक्षात्मक अनुशीलन जारी रखा। अखिल भारतीय प्राच्यविद्या परिषद् के 35वें अधिवेशन (हरिद्वार, 16–18 नवम्बर 1990) में विद्वानों के समक्ष *शब्दज्योत्स्ना* पर एक समीक्षात्मक शोधपत्र प्रस्तुत किया गया। इस शोधपत्र के आधार पर *शब्दज्योत्स्ना* के वैशिष्ट्य का आकलन करके विद्वानों ने इस ग्रन्थ को प्रकाशित करने का परामर्श दिया।

मेरे निर्देशन में एक शोधच्छात्र सुरेन्द्र कुमार ने एकमात्र पाण्डुलिपि के आधार पर *शब्दज्योत्स्ना* का समीक्षात्मक अध्ययन करके कुरुक्षेत्र विश्वविद्यालय में जून 2008 में शोधप्रबन्ध प्रस्तुत किया और पीएच. डी. की उपाधि प्राप्त की। शोधप्रबन्ध

के परीक्षक के रूप में आमन्त्रित व्याकरणशास्त्र की प्रख्यात विदुषी वेद कुमारी घई (जम्मू) ने भी इस नूतन व्याकरण के समीक्षात्मक सम्पादन का आग्रह किया।

क्योटो (जापान) में 14वें विश्व संस्कृत सम्मेलन (1-5 सितम्बर 2009) में विश्व के अन्य विद्वानों के समक्ष *शब्दज्योत्स्ना* पर प्रस्तुत किए गए मेरे शोधपत्र की अनेक विद्वानों (विशेषतः रामकरण शर्मा, दिल्ली; इण्टरनेशनल एसोसिएशन ऑफ संस्कृत स्टडीज, फ्राँस के पूर्व अध्यक्ष) ने भूरि-भूरि प्रशंसा की और सम्पूर्ण ग्रन्थ को प्रकाशित करने की आवश्यकता पर बल दिया।

विश्वविख्यात भाषाशास्त्री और प्रख्यात वैयाकरण जॉर्ज कार्डोना (अमेरिका), प्रोफेसर अशोक अक्लूज्कर (कनाडा) और हिदेयो ओगावा (जापान) जैसे मनीषियों के सम्पादकमण्डल ने गुणवत्ता के आधार पर इस शोधपत्र को 14वें विश्व संस्कृत सम्मेलन के व्याकरणप्रखण्ड की प्रोसीडिंग्ज़ में प्रकाशित करने के लिए आमन्त्रित किया और अपने बहुमूल्य सुझावों के साथ इसे जनवरी 2012 में *Studies in Sanskrit Grammars* (D.K. Printworld, Delhi) पुस्तक में (पृष्ठ ३५९-६९) प्रकाशित करके *शब्दज्योत्स्ना* की गुणवत्ता पर मुहर लगा दी। इस प्रोत्साहन से मुझे आत्मिक बल मिला और इसके परिणामस्वरूप *शब्दज्योत्स्ना* का यह भाग गुणग्राही विद्वानों की सेवा में प्रस्तुत है।

आधारभूत सामग्री

शब्दज्योत्स्ना का प्रस्तुत संस्करण लेखक द्वारा स्वयं लिखित चार हस्तलेखों और उन्हीं के पर्यवेक्षण में मुद्रित *शब्दज्योत्स्ना* के सन्ध्यन्त भाग के आधार पर तैयार किया गया है। इस समीक्षात्मक सामग्री का विवरण नीचे दिया जा रहा है —

हस्तलेख A

1.	हस्तलेखक्रमांक	: शून्य
2.	लेखनसामग्री	: देशी कागज की कापी पर कागज के दोनों ओर लकड़ी की कलम से काली स्याही में लिखित।
3.	पत्रसंख्या (folios)	: 42
4.	पत्राकार	: 21×17 से.मी.
5.	(क) प्रतिपृष्ठ पंक्ति	: 11
	(ख) प्रतिपंक्ति अक्षर	: प्राय: 19–20
6.	लिपि	: देवनागरी
7.	टिप्पणी	: (क) लेख अस्त-व्यस्त है। कहीं-कहीं संक्षेप भी है। (ख) इसमें संज्ञा, सन्धि, षड्लिङ्ग, स्त्रीप्रत्यय (अपूर्ण) प्रकरण हैं। (ग) पाठ्यसामग्री सुवाच्य नहीं है।
	प्रारम्भिक पाठ	: ओ३म् श्री गणेशाय नम: अ इ उ ण् १। ऋ लृ क २।................।।
	अन्त्य पाठ	: या स्वयमेव अध्यापयति सा उपाध्याया उपाध्यायानी वा। आचार्यान्न णत्वम्।

हस्तलेख B

1.	हस्तलेखक्रमांक	: शून्य
2.	लेखनसामग्री	: देशी कागज पर एक ओर लकड़ी की कलम से काली/नीली स्याही में लिखित।
3.	पत्रसंख्या (folios)	: 8+129=137 (पत्रक्रमांक 89 अनुपलब्ध)
4.	पत्राकार	: 23×15 से.मी.
5.	(क) प्रतिपृष्ठ पंक्ति	: 16–18
	(ख) प्रतिपंक्ति अक्षर	: प्राय: 15–16
6.	लिपि	: देवनागरी
7.	टिप्पणी	: (क) कागज का रंग सफेद, गुलाबी, पीला और नीला है।
		(ख) पाठ्यसामग्री सुवाच्य है।
		(ग) इसमें भूमिका (हिन्दी), षड्लिङ्ग, अव्यय, स्त्रीप्रत्यय और कारक प्रकरण हैं।
	प्रारम्भिक पाठ	: ओ३म् श्री गणेशाय नम: हरिं श्रीशं ध्यात्वा............।।
	अन्त्य पाठ	: कस्य, केन, कम्, कस्मिन् निमित्तं निमित्तेन वा सर्वा विभक्तयो भवन्ति। अन्यच्छन्द:प्रकरणे। इति कारकाणि।।

हस्तलेख C

1.	हस्तलेखक्रमांक	: शून्य
2.	लेखनसामग्री	: देशी कागज पर एक ओर लकड़ी की कलम से काली/नीली स्याही में लिखित।
3.	पत्रसंख्या (folios)	: 452
4.	पत्राकार	: 21×17 से.मी.
5.	(क) प्रतिपृष्ठ पंक्ति	: 16
	(ख) प्रतिपंक्ति अक्षर	: प्राय: 16–17
6.	लिपि	: देवनागरी

7. टिप्पणी : (क) पाठ्यसामग्री सुवाच्य है।
(ख) पत्रांकन बहुत अस्त-व्यस्त है।
(ग) इसमें संज्ञा, सन्धि, षड्लिङ्ग, अव्यय, स्त्रीप्रत्यय, कारक, समास (केवल एक सूत्र), तद्धित (कुछ अंश), द्विरुक्त प्रक्रिया, तिङन्त (दश गण-प्रक्रिया) और कृदन्त प्रकरण हैं।

प्रारम्भिक पाठ : ओ३म्
श्री गणेशाय नमः
विद्याराजं हयग्रीवं............... ।।

अन्त्य पाठ : सिते माघे मासे शरमिततिथौ श्रीगुरुदिने द्विसाहस्रे चाब्दे नरपतिवरे विक्रमकृते। स्वशिष्याणां बोधो भवतु सपदीत्थं स्मृतियुतो बुधो भिक्षारामः कुरुसदनवासी व्यरचयत्।।
।। इति शब्दज्योत्स्ना ।।

हस्तलेख D

1. हस्तलेखक्रमांक : शून्य
2. लेखनसामग्री : देशी कागज पर दोनों ओर लकड़ी की कलम से काली स्याही में लिखित।
3. पत्रसंख्या (folios) : 60
4. पत्राकार : 21×17 से.मी.
5. (क) प्रतिपृष्ठ पंक्ति : 15-16
(ख) प्रतिपंक्ति अक्षर : प्रायः 14-15
6. लिपि : देवनागरी
7. टिप्पणी : (क) पृष्ठांकन और सूत्रसंख्या बहुत अस्त-व्यस्त हैं।
(ख) इसमें भूमिका, संज्ञा, सन्धि, षड्लिङ्ग, अव्यय और स्त्रीप्रत्यय (अपूर्ण) प्रकरण हैं।

प्रारम्भिक पाठ : अथ भूमिका
शब्दज्योत्स्नाया:
इन्द्रश्चन्द्र: काशकृत्स्न................।।

अन्त्य पाठ : असंज्ञेति किम्। सुराज्ञी नगरी वेदे शतमूर्द्धनी।।

शब्दज्योत्स्ना सम्पादक गौरी शंकर, कुरुक्षेत्र विश्वविद्यालय, कुरुक्षेत्र, मई 1958, पृष्ठ ii+20। सन्धिप्रकरणपर्यन्त यह पुस्तक लेखक के पर्यवेक्षण में ही मुद्रित हुई थी। इसमें सूत्रों की संख्या 120 दर्शाई गई है। वास्तव में सूत्रसंख्या 121 बनती है, क्योंकि पृष्ठ 16 पर 97 क्रमांक दो बार प्रयुक्त हुआ है। प्रस्तुत संस्करण में सन्धिप्रकरण तक इसी पुस्तक को आधार बनाया है।

प्रारम्भिक पाठ : अथ
शब्दज्योत्स्नाया
भूमिका
इन्द्रश्चन्द्र : काशकृत्स्न................।।

अन्त्य पाठ : पादपूर्तौ सत्यां सशब्दात् सोर्लोप:।
सैष दाशरथी राम: सैष भीमो महाबल:।
सैष कर्णो महात्यागी सैष ब्रह्मा चतुर्मुख:।

इति कुरुक्षेत्रान्तर्वर्त्तिबारणाग्रामाभिजनेन पण्डितप्रवरश्रीजगन्नाथसूनुना वेदवेदाङ्गाचार्येण श्रीभिक्षारामशास्त्रिणा विरचितायां शब्दज्योस्नायां सन्ध्यन्त: प्रथमो भाग:। अवशिष्टो भागोऽपि विद्वत्प्रसादाद् भगवत्कृपात: शीघ्रमेव विदुषां सेवायामुपस्थापयिष्यत इत्याशास्महे।

कृतज्ञताज्ञापन

सर्वप्रथम मैं हमारे कुरुक्षेत्र विश्वविद्यालय के यशस्वी कुलपति लेफ्टिनेंट जनरल डी.डी.एस. संधू, PVSM, ADC (Retd.) के प्रति हार्दिक कृतज्ञता व्यक्त करता हूँ, जिन्होंने इस ग्रन्थ के लिए आशीर्वाद के प्रतीक के रूप में ''पुरोवाक्'' लिखकर मेरे ऊपर आत्मीय अनुग्रह किया है।

पण्डित भिक्षाराम जी के परिवार के सदस्यों, विशेषत: हीरालाल पाराशर (बारणा) के प्रति मैं आभारी हूँ, जिन्होंने अपने घर में सावधानीपूर्वक संरक्षित *शब्दज्योत्स्ना* की पाण्डुलिपियाँ उपलब्ध करवाई और अब तक इस ग्रन्थ के प्रकाशन में गहन रुचि लेते रहे।

मूर्धन्य भाषाशास्त्री और प्रख्यात वैयाकरण विद्वान् जॉर्ज कार्डोना (अमेरिका), अशोक अक्लूज्कर (कनाडा) तथा हिदेयो ओगावा (जापान) के प्रति हार्दिक धन्यवादी हूँ, जिन्होंने शब्दज्योत्स्ना-विषयक मेरे शोधपत्र से सम्बद्ध अनेक समीक्षात्मक बहुमूल्य सुझाव देकर उसमें गुणवत्ता का आधान किया और उसे क्योटो, जापान, में 1-5 सितम्बर 2009 को आयोजित 14वें विश्व संस्कृत सम्मेलन के व्याकरण-प्रखण्ड की प्रोसीडिंग्ज़ (पृ. 359-369, जनवरी 2012) में प्रकाशित भी किया।

प्रोफेसर जन ई. एम. हुबेन (पेरिस-फ्रांस) के प्रति मैं गहन कृतज्ञता प्रकाशित करता हूँ, जिन्होंने *शब्दज्योत्स्ना* और इसके समीक्षित संस्करण का अनुशीलन करके अपने गूढ विचार प्रस्तुत किये हैं।

अरुणा शर्मा, प्रोफेसर एवं अध्यक्षा, संस्कृत, पालि एवं प्राकृत विभाग, कुरुक्षेत्र विश्वविद्यालय, कुरुक्षेत्र, को मैं धन्यवाद देता हूँ, जिन्होंने तालिका आदि के निर्माण में बहुमूल्य योगदान दिया।

भारतीय दर्शनशास्त्र के प्रखर विद्वान् सुरेन्द्र मोहन मिश्र, रीडर, संस्कृत विभाग, कुरुक्षेत्र विश्वविद्यालय, कुरुक्षेत्र, हार्दिक प्रशंसा के पात्र हैं, जो शैक्षिक क्रिया-कलापों में मुझे समय-समय पर सहायता प्रदान करते हैं।

प्रीत सिंह स्नेही (कुरुक्षेत्र) ने व्यस्त होते हुए भी मेरे लिये *शब्दज्योत्स्ना* की एक साफ प्रतिलिपि तैयार की थी। एतदर्थ मैं उन्हें साधुवाद देता हूँ।

सुशील कुमार मित्तल, डी.के. प्रिंटवर्ल्ड, नई दिल्ली, के प्रति आभार व्यक्त करना मेरा कर्त्तव्य है, जिन्होंने बहुत ही कम समय में इस ग्रन्थ का सुन्दर मुद्रण किया है।

मुझे पूरा विश्वास है कि लेखक का यह प्रयास संस्कृतव्याकरणशास्त्र के प्रणयन की परंपरा में एक महत्त्वपूर्ण योगदान समझा जाएगा।

इस ग्रन्थ के सम्पादन कार्य में कतिपय त्रुटियाँ सम्भावित हैं, अतः इस विषय में मैं यही कहना चाहता हूँ –

यादृशं पुस्तकं दृष्टं तादृशं लिखितं मया।
तथापि चेदशुद्धिः स्यात् मम दोषः स विद्यते।।

26 जुलाई 2012 **श्रीकृष्ण शर्मा**

Contents
विषयसूची

Foreword	vii
पुरोवाक्	viii
Opinions	ix
Preface	xi
The Critical Apparatus	xiii
Acknowledgements	xvii
आमुख	xix
आधारभूत सामग्री	xxi
कृतज्ञताज्ञापन	xxv
List of Abbreviations	xxix
संक्षेपाक्षरसूची	xxix
Introduction	1
प्रस्तावना	14
Genealogy of Pt Bhiksharam	27
पण्डित भिक्षाराम का वंशानुक्रम	28

शब्दज्योत्स्ना — मूल पाठ
(Text of the Śabdajyotsnā)

लेखककृता भूमिका	30
संज्ञाप्रकरणम्	32

सन्धिप्रकरणम् 35

समेऽचि सन्धिः 35

विरूपेऽचि सन्धिः 35

प्रकृतिभावोऽसन्धिः 38

हल्सन्धिः 39

षड्लिङ्गाः 45

अजन्ताः पुँल्लिङ्गाः 45

अजन्ताः स्त्रीलिङ्गाः 52

अजन्ताः क्लीबाः 55

हलन्ताः पुँल्लिङ्गाः 56

हलन्ताः स्त्रीलिङ्गाः 67

हलन्ताः क्लीबाः 68

अव्ययानि 73

स्त्रीप्रत्ययाधिकारः 74

अनुपसर्जनाधिकारः 76

ङीष्प्रकरणम् 78

कारकाणि 82

List of Sūtras 89
सूत्रसूची

Bibliography 96
सहायकग्रन्थसूची

Colophon of the *Śabdajyotsnā* 98
शब्दज्योत्स्नापुष्पिका

List of Abbreviations
संक्षेपाक्षरसूची

A........	=	*Aṣṭādhyāyī*..........
A.	=	MS. A
B.	=	MS. B
C.	=	MS. C
D.	=	MS. D
ed.	=	editor
R̥T	=	*R̥ktantra*
R̥V	=	*R̥gveda*
ŚJ	=	*Śabdajyotsnā*
ST	=	*Sāmatantra*
अष्टा.	=	अष्टाध्यायी
द्र.	=	द्रष्टव्य
पृ.	=	पृष्ठसंख्या
सू.	=	सूत्रसंख्या

Introduction

THE learning and teaching of Sanskrit grammar have been a continuous practice flowing down since very early times. Patañjali, in his *Mahābhāṣya*, interprets at least five *ṛcā*s as having philosophical and phonetical thoughts inherent in them.[1] So, it is clear that grammatical studies had been founded before the period of Saṁhitās. Analysis of *prakṛti* (radical form of a word), *pratyaya* (affix), *dhātu* (root), *upasarga* (preverb) and various components of compound words in the *padapāṭha* of Vedic *mantra*s shows a refined stage of grammatical practice. The term *vyākaraṇa* for science of words (*śabdānuśāsana*) is found used in Brāhmaṇas,[2] Upaniṣads,[3] the *Rāmāyaṇa*,[4] the *Mahābhārata*,[5] etc.

---

* The subject matter of this portion is based on my paper "Śabdajyotsnā: A Less-known Sanskrit Grammar by Pt. Bhiksharama of Kurukshetra" published in *Studies in Sanskrit Grammars: Proceedings of the Vyākaraṇa Section of the 14th World Sanskrit Conference, Kyoto (Japan)*. However, some minor modifications have been made in the light of new findings. I express my deep gratitude to George Cardona for his useful comments and valuable suggestions regarding the improvement in my paper mentioned above.

1. In the Paspaśā (I.3.24-4.27) Patañjali quotes five *mantras*: *catvāri vāk parimitā* (*ṚV*, I.164.45), *catvāri śṛṅgā* (*ṚV*, IV.58.3), *sudevo asi* (*ṚV*, VIII. 69.12), *saktum iva* (*ṚV*, X.71.2) and *uta tvaḥ* (*ṚV*, X.71.4). See also *Nirukta*, 13.7-9 (178).

2. *Gopatha Brāhmaṇa* 1.24 (I.12): oṅkāraṁ pṛcchāmaḥ | ko dhātuḥ, kiṁ prātipadikam, kiṁ nāmākhyātam, kiṁ liṅgam, kiṁ vacanam, kā vibhaktiḥ, kaḥ pratyayaḥ, kaḥ svara upasargo nipātaḥ, kiṁ vai vyākaraṇam... |

3. *Muṇḍakopaniṣad* 1.1.5 (16): tatrāparā ṛgvedo yajurvedaḥ sāmavedo 'tharvavedaḥ śikṣā kalpo vyākaraṇaṁ chando jyotiṣam iti |

4. *Rāmāyaṇa*: Kiṣkindhā Kāṇḍa [chap. 3, App. 1, no. 3] (416): nūnaṁ vyākaraṇaṁ kṛtsnam anena bahudhā śrutam | bahu vyāharatānena na kiñcidapabhāṣitam||

5. *Mahābhārata*: Udyogaparva 43.36: sarvārthānāṁ vyākaraṇād vaiyākaraṇa ucyate | pratyakṣadarśī lokānāṁ sarvadarśī bhavennaraḥ ||

According to the Sanskrit works of Pāṇinian school, Brahmā, Bṛhaspati and other sages like Bharadvāja composed their grammars in their peculiar styles.[6] Śākaṭāyana and other scholars like Gārgya presented an interesting discussion on the relation of word and root.[7] Pāṇini quotes ten grammarians in the *Aṣṭādhyāyī* as a token of regard. Pt Yudhishthira Mimamsaka (1984: I.68) has claimed that eighty-five scholars practised the formulation of Sanskrit grammar before Pāṇini. Max Müller (1968: 126-27) also has presented a list of sixty-four scholars quoted in pre-Pāṇini ancient literature, which is sufficient to show the active interest taken by ancient scholars in grammatical subjects.

After a deep study of previous works, Pāṇini composed his Sanskrit grammar, which stands like a beacon. In the light of this work, all other works were obscure and faintly visible. But the practice of Sanskrit grammar remained in continuous process or tradition and after Pāṇini about twenty works on Sanskrit grammar came to light.[8]

In the same way, Pt Bhiksharam, a prolific and erudite scholar of Sanskrit grammar, composed his Sanskrit grammar named the *Śabdajyotsnā*, which can be taken as a new step in the same tradition.

---

6. In the Paspaśā (I.5.25-26) Patañjali states: bṛhaspatir indrāya divyaṁ varṣasahasraṁ pratipadoktānāṁ śabdānāṁ śabdapārāyaṇaṁ provāca nāntaṁ jagāma | In his *Laghuśabdenduśekhara* (22) Nāgeśa also says: yathācāryā ūcuḥ — brahmā bṛhaspataye provāca, bṛhaspatir indrāyendro bharadvājāya bharadvāja ṛṣibhyaḥ ... | See also *ṚT* I.4 (3).

7. *Nirukta* 1.12(24):
tatra nāmāny ākhyātajānīti śākaṭāyano nairuktasamayaś ca |
na sarvāṇīti gārgyo vaiyākaraṇānāṁ caike |

8. See Mimamsaka 1984: I.77-78.

1. Author of Śabdajyotsnā

The author of *Śabdajyotsnā* was born on 25 June 1887 in the family of Pt Jagannatha Parashara at the village of Bāraṇā near Kurukshetra, the holy land of the *Śrīmadbhagavad-Gītā*. He was the disciple of Pt Ramachandra of the village of Hathira (Kurukshetra). He had a son and four grandsons. He passed away on 8 August 1975 and on this very day he was to be honoured by Department of Languages, Govt. of Haryana, for his profound scholarship and noteworthy contribution to Sanskrit literature. Besides the *Śabdajyotsnā*, Pt Bhiksharam composed numerous Sanskrit *kāvyas* and *stotras*: *Neharucarita, Gāndhīcarita, Paṭelacarita, Mālavīyacarita, Paraśurāmacarita, Vyāsapūjopahāra, Jātisamālocanā, Śuddhisamālocanā*, and *Kaliyugavidhānam*, etc., which are preserved in the form of manuscripts. He was known as a tremendous scholar of astronomy and astrology also. Thus, HH Shri Jagadguru Śaṅkarācārya of Kāñcīkāmakoṭipīṭham honoured his profound wisdom conferring on him the title "Vedavedāṅgācārya". He was also designated as "Śikhariṇīsamrāṭ" in an academic meeting in Shimla.

2. Date of Śabdajyotsnā

The colophon of the *Śabdajyotsnā* presents a description regarding the date of completion of this work. The text runs as follows:

> *site māghe māse śaramitatithau śrīgurudine*
> *dvisāhasre cābde narapativare vikramakṛte|*
>
> *svaśiṣyāṇāṁ bodho bhavatu sapadītthaṁ smṛtiyuto*
> *budho bhikṣārāmaḥ kurusadanavāsī vyaracayat ||*

According to this statement, the *Śabdajyotsnā* was completed on Thursday and the fifth day of white-half (*śukla pakṣa*) of Māgha (*Vasantapañcamī*) in 2000 + 1=2001 Vikrama Saṁvat, which is equivalent to 18 January 1945. Thus, *Śabdajyotsnā* can be safely dated to 1942-45 on the basis of the internal evidence, cited above.

3. Purpose of Śabdajyotsnā

Śabdajyotsnā was composed for the purpose of teaching Sanskrit grammar to ordinary students in a simple style. In the introductory verses of this work, the author mentions the aim in composing the work. He describes:

> *idānīṁ ye chātrāḥ paṭhananiratā no śramakarā*
> *na tesāṁ sā buddhiḥ kaṭhinaviṣaye yā jhaṭiti hi* |
>
> *prabodhe sāphalyaṁ bhajati viduṣāṁ mānaviṣayam*
> *iyaṁ jyotsnā tebhyo bhavatu vimalādarśasadṛśī* ||[9]
>
> At present, the students of this generation do not want to put effort in studies. They do not succeed in having a quick understanding of a hard subject (like grammar), which is worthy of adoration by scholars. So, I have written this book, *Śabdajyotsnā*, in a simple style especially for such students. May this *Śabdajyotsnā* be to them like a spotless mirror.

Our author expresses his deep gratitude to Lord Śiva and grammarians like Pāṇini, Kātyāyana, Patañjali, the authors of the *Kāśikā* and *Kaumudī*s and the commentators of these works. He makes obeisance to them in the following way:

> *maheśaṁ pāṇiniṁ caiva kātyāyanapatañjalī* |
> *kāśikā kaumudī kṛtṝn vyākhyātṝṅśca nato 'smyaham* ||[10]

4. Structure of Śabdajyotsnā

The *sūtra*s of *Śabdajyotsnā* are composed in a subjectwise style (according to *prakaraṇa*) on the pattern of *prakriyā* works. We have no complete edition of this grammar. Only *saṁjñā*- and *sandhi-prakaraṇa*s of this work were published on 24 May 1958.

9. Introduction 5.

10. Introduction 2.

The rest of the text is still in the form of manuscripts as written by the author himself on paper in the Devanāgarī script. The *samāsa-prakaraṇa* and some portion of *taddhita-prakaraṇa* have been lost. The MSS of *Śabdajyotsnā* have been procured from the house of the author.

The work has forty *sūtra*s in *saṁjñā-prakaraṇa*, eighty-two *sūtra*s in *sandhi-prakaraṇa*, 150 *sūtra*s in *ṣaḍliṅga*s, 3 *sūtra*s in *avyaya-prakaraṇa*, 64 *sūtra*s in *strīpratyaya-prakaraṇa*, 34 *sūtra*s in *kāraka*s, 638 *sūtra*s in *samāsa*- and *taddhita-prakaraṇa*s, 266 *sūtra*s in ten *gaṇa*s and 170 *sūtra*s in *prakriyā*s and 144 *sūtra*s in *kr̥danta-prakaraṇa*. Discussions on accentual system and other Vedic rules are not available. However, the author's treatment of *leṭ-lakāra* (subjunctive mood) in the *tiṅanta-prakaraṇa* suggests that the author must have dealt with the Vedic language or Vedic Sanskrit. In the Hindi translation of the introductory verses of this work (MS.B, one of available four manuscripts) the author himself says that he has written a separate chapter for the rules pertaining to Vedic language. Unfortunately, this chapter is missing from the available manuscripts of this grammar.

5. Peculiarities of Śabdajyotsnā

Śabdajyotsnā, as said above, was composed with a view to teach Sanskrit grammar to an ordinary student in a simple style. The author adopts *pratyāhāra*, *anuvr̥tti*, *anubandha*, etc. in his work to impart the abridgement on the pattern of *Aṣṭādhyāyī* and other works like *Prātiśākhya*s. For this purpose, the author tries his best to simplify the tough process of Sanskrit grammar. Some peculiarities of the work are presented in the following sections.

5.1 BREVITY IN SŪTRAS

The *sūtra*s of the *Śabdajyotsnā* are quite briefer than those of Pāṇini. For example, *iko yaṇ aci* (*A* 6.1.77) and *eco 'yavāyāvaḥ* (*A* 6.1.78) are formulated in a single *sūtra*: *icām yaṇayavāyāvo 'ci* (*ŚJ,* 43).[11] Similarly, the *sūtra* of *Śabdajyotsnā*: *jhalāṁ jaś jhaśyante ca* (*ŚJ,* 45) performs the operations of two *sūtra*s of Pāṇini: *jhalāṁ jaś jhaśi* (*A* 8.4.53) and *jhalāṁ jaśo 'nte* (*A* 8.2.39); and *ŚJ sūtra sargād ṛti vri subdhau vā* (*ŚJ,* 57) carries out the purpose of *upasargād ṛti dhātau* (*A* 6.1.91) and *vā supy āpiśaleḥ* (*A* 6.1.92). *ŚJ sūtra stoḥ ścuṣṭubhyāṁ ścuṣṭū* (*ŚJ,* 75) works for *stoḥ ścunā ścuḥ* (*A* 8.4.40) and *ṣṭunā ṣṭuḥ* (*A* 8.4.41). Some more examples are listed below:

Aṣṭādhyāyī	*ŚJ*
akaḥ savarṇe dīrghaḥ (6.1.101)	*ako 'ki dī* (42)
ṅamo hrasvād aci ṅamuṇ nityam (8.3.32)	*hrād ṅamo 'ci* (94)
etattadoḥ sulopo 'kor anañsamāse hali (6.1.132)	*saiṣād hali* (121)
tasmāc chaso naḥ puṁsi (6.1.103)	*so naḥ puṁsi* (128)

11. It is worthy to note that this time, Nāgeśa contemplating on *Aṣṭādhyāyī* (6.1.78), in his *Laghuśabdenduśekhara* (p. 260), stated that:

"iko 'ci yaṇayavāyāvaḥ, avāvau yi pratyaye" iti sūtrayitumucitam ityāhuḥ |

5.2 CONCISENESS OF SAṀJÑĀS

To make his work concise, the author uses rather short *saṁjñā*s in an abbreviated style. For example:

Aṣṭādhyāyī	*ŚJ*	*Aṣṭādhyāyī*	*ŚJ*
dhātu	dhu	samāsa	sa
pratyaya	tya	taddhita	ta
vibhakti	kti	kāraka	ka
guṇa	gu	visarga	vi
vr̥ddhi	vri	padānta	da
hrasva	hra	sambuddhi	dhi
dīrgha	dī	upasarga	sarga
pluta	plu	upadhā	dhā

This style of technical terms seems to have been adopted from *Prātiśākhyas* and other works like the *Jainendravyākaraṇa.*[12]

12.Some monosyllabic technical terms found in various works are given below:

A. *R̥ktantra* and *Sāmatantra*:

bha = *stobha* (*R̥T* 150; *ST* 235, 377, 393, 398)

da = *pada* (*R̥T* 69, 272; *ST* 415)

gha = *dīrgha* (*R̥T* 50, 93, 103, 112, 113, 148; *ST* 63, 171, 368, 412)

ghu = *laghu* (*R̥T* 236, 237; *ST* 640,665)

sya=*rahasya* (*R̥T* 277(vr̥tti); *ST* 369, 403,417,639,757)

ṭhya = *kaṇṭhya* (*R̥T* 147; *ST* 409)

ti = *gati* (*R̥T* 29, 110; *ST* 150)

→

5.3 NEW SAṀJÑĀS

Besides the popular *saṁjñās* found in the Pāṇinian grammar, the author employs some new *saṁjñās* in the *Śabdajyotsnā*. The terms *lopa* and *lopaś* are two different *saṁjñās* in the *Śabdajyotsnā* which are defined as *adarśanaṁ lopaḥ* (*ŚJ,* 2) and *varṇavirodho lopaś* (*ŚJ,* 3), respectively. Most probably *lopaś* was borrowed from the *Sārasvata* grammar.[13] Here *lopaś* is used to block the application of *guṇa, vṛddhi,* etc. which is governed by *pūrvatrāsiddham* (*A* 8.2.1) in the Pāṇinian system. In another case, the *Śabdajyotsnā* has the *saṁjñā ḍhi* (*ŚJ,* 164: *yū strīliṅge ḍhiḥ*) instead of *nadī* of the Pāṇinian grammar (*A* 1.4.3: *yū stryākhyau nadī*).

Śabdajyotsnā ignores the *saṁjñās sārvadhātukā* (-a) and *ārdhadhātukā* (-a) employed by ancient grammarians like Āpiśali and Pāṇini in their works. It uses the sigla (*pratyāhāras*) *lac* and *lik* for this purpose. In fact, the *Śabdajyotsnā* presents a list of *lakāras* (l-suffixes) in the following manner: *laṭ laṅ loṭ* ***liṅc*** *liṭ liṅ luṭ lṛṭ lṛṅ* ***luṅk*** *leṭ*. The *Śabdajyotsnā* provides the two *pratyāhāras* by taking the first letters of *laṭ* and *liṭ* with the last consonants *c* and *k*

→ B. *Śuklayajuḥprātiśākhya*:

jit (1.50), *mut* (1.52), *dhi* (1.53)

C. *Gaṇapāṭha* of Pāṇini:

ase = *asamāse*, *utsādigaṇa* (*A* 4.1.86 *gaṇasūtra: baṣkayāse*)

gargādigaṇa (*A* 4.1.105 *gaṇasūtra: vājāse*)

D. *Jainendravyākaraṇa*:

dī = *dīrgha* (1.1.11)

dhu = *dhātu* (1.2.1)

sa = *samāsa* (1.3.2)

tya = *pratyaya* (2.1.1).

13. In the *Sārasvatavyākaraṇa* the term *lopaś* occurs in the following *sūtras*: *saṁjñāprakaraṇa* (*sūtra* 11); *svarasandhi* (*sūtra* 13); *visargasandhi* (*sūtras* 8, 18).

attached with *liṅc* and *luṅk,* respectively. In this way, *lac* covers *laṭ*, *laṅ*, *loṭ* and *liṅ* (*vidhi*) (*sārvadhātukalakāra*s) and *lik* indicates *liṭ*, *liṅ* (*āśis*), *luṭ*, *lṛṭ*, *lṛṅ* and *luṅ* (*ārdhadhātukalakāra*s). So there is no need of terms like *sārvadhātuka* and *ārdhadhātuka*.

5.4 WORD FORMATION (ŚABDASĀDHUTVA)

Word formation (*rūpasiddhi* or *śabdasādhutva*), according to the *Śabdajyotsnā*, is very simple and concise.

To take, as an example, *san* + *śambhuḥ*. Pāṇini provides in *śi tuk* (*A* 8.3.31) that a *pada* ending with *n* optionally takes the final augment *tuk* (= *t*) before *ś*. After *t* and *n* are respectively replaced by *c* and *ñ* by *stoḥ ścunā ścuḥ* (*A* 8.4.40), ś is optionally replaced by *ch* by *śaś cho 'ṭi* (*A* 8.4.63).

san + *śambhuḥ* > *san-t-śambhuḥ* > *san-c-śambhuḥ* > *sañ-c-śambhuḥ* > *sañcchambhuḥ*.

But the *Śabdajyotsnā* adds the augment *c* directly by the rule *śi cak* (*ŚJ,* 92) and hence an extra exercise for the palatalization of *t* is not required. This rule was borrowed from Ācārya Malayagiri's *Śabdānuśāsana*, which states the rule *śi cak* (*sūtra* 21) in the fifth *sandhi*.

According to Pāṇini, the process of the formation of *sakhā* (nom. sg. masc. of *sakhi* "friend") is lengthy since it needs six or seven *sūtra*s, as shown below.

sakhi + *su* (= *s*).

Here by *anaṅ sau* (*A* 7.1.93) the final *i* of *sakhi* is replaced by *anaṅ* (= *an*) as per the guidelines set by the rule *ṅic ca* (*A* 1.1.53). So we have

sakh-an-s.

Then the *apṛkta* element *s* (-*s*) is deleted by *halṅyābbhyo dīrghāt sutisy apṛktaṁ hal* (*A* 6.1.68).

sakh-an.

Then the penultimate (*upadhā*) *a* is lengthened by *sarvanāmasthāne cāsambuddhau* (*A* 6.4.8).

sakh-ān.

The final *n* is deleted by *nalopaḥ prātipadikāntasya* (*A* 8.2.7). Thus we arrive at

sakhā.

In the system of the *Śabdajyotsnā*, on the other hand, *ḍā* (= *ā*) substitutes for *su* by *sakhyr̥varṇośanaspurudaṁśanehobhyaḥ sor ḍā* (*ŚJ,* 156). Because of the *ḍit* nature of *ḍā*, the elision of the *ṭi* element *ī* of *sakhi* takes place, so that we arrive at *sakhā*.

In the *kr̥danta-prakaraṇa*, the *Śabdajyotsnā* states the rule *ḍvitas trimak ṭvito 'thuc* (*ŚJ,* 164) in order to account for the formation of a *kr̥danta* such as *paktrima* "cooked, baked". This rule provides that after a verb with the marker *ḍu* the *kr̥t* affix *trimak* (= *trima*) occurs. For example,

ḍupacaṣ = *pac*

pac + *trimak* (= *trima*)

paktrima[14].

According to Pāṇini, the *kr̥t* affix *ktri* (= *tri*) is introduced after the verb *pac* by *ḍvitaḥ ktriḥ* (A 3.3.88) and then the *taddhita* affix *map* (= *ma*) is introduced after the *kr̥danta paktri* by the rule *trer mam nityam* (A 4.4.20).

In *kārakaprakaraṇa*, the *Śabdajyotsnā* states the rule *anuktakartr̥karaṇahetuviśeṣaṇabhedakeṣu trī* (*ŚJ,* 346). The occurrence of the instrumental case ending in *akṣṅā kāṇaḥ* "blind in one eye", which is explained by *yenāṅgavikāraḥ* (*A* 2.3.20) in the Pāṇinian grammar, is accounted for by this rule. According to

14. Here *c* is replaced by *k* by *kutva* (*A* 8.2.30: *coḥ kuḥ*; *ŚJ,* 228: *r̥tvig dadhr̥ṣ* ... *kuḥ*).

the author of the *Śabdajyotsnā*, one-eyedness can be considered to be caused by an eye (*akṣi*): *akṣihetukaṁ kāṇatvam*.

In order to account for the *taddhitānta yaujanika* "one who covers a distance of one *yojana*", Pāṇini states the rule *yojanaṁ gacchati* (*A* 5.1.74). In the *vārttika krośaśatayojanaśatayor-upasaṅkhyānam*, however, Kātyāyana suggests that additional provision has to be made to account for *krauśaśatika* (*krośaśataṁ gacchati*) and *yaujanaśatika* (*yojanaśataṁ gacchati*). But the *Śabdajyotsnā* states in the *taddhitāntaprakaraṇa* a simple rule, *abhigamanaṁ karoti* (*ŚJ*, 831), which invites considering another *vārttika* on *A* 5.1.74: *tato 'bhigamanam arhatīti ca vaktavyam* and which also covers all these instances.

6. Some Demerits

The author of the *Śabdajyotsnā* formulated the rules of Sanskrit grammar by means of studying the works on the subject composed by Sage Pāṇini and other scholars like Kātyāyana and Patañjali. He summarized the formulas established by them in a lucid style. The *Śabdajyotsnā* certainly has the virtue of being a clear and concise exposition of Sanskrit grammatical rules. But this grammar has some weak points too.

For one thing, the *Śabdajyotsnā* cannot stand alone as an independent treatise, since it needs the support from the *dhātupāṭha*, *gaṇapāṭha*, *paribhāṣā*s (metarules) and other relevant sources well established in the Pāṇinian school.

There are also some irregularities in the formation of *sūtra*s. The author presents the rule *ṭitkidāv ādyantau* (*ŚJ,* 24) in the *saṁjñā-prakaraṇa* and again formulates the *sūtra* — *ādyantau takitau* — (*ŚJ,* 89) in the *sandhi-prakaraṇa*. Likewise, in the *sannanta-prakaraṇa,* the author formulates two *sūtra*s for the affix *san* (= *sa*): *āśaṅkāsvecchayoḥ san* (*ŚJ,* 1) and *āśaṅkārthe san* *pratyayaḥ* (*ŚJ,* 11). The latter *sūtra* can be subsumed in the former.

In some cases the author does not seem to follow his own rules. For example, in spite of assigning the term *dī* to a *dīrgha* vowel in the rule *dvimātro dī dīrghaḥ* (*ŚJ,* 7), he uses the term *dīrgha* instead of *dī* while formulating the *sūtra parau vrajeḥ ṣo dānte dīrghaś ca* (*ŚJ,* 232). Also the following *sūtras* do not have the uniformity in the use of the technical term *sa* (= *samāsa*):

i. *samāsasya saḥ* (*ŚJ,* 29).
ii. *eko 'same 'ci hro vāse 'siti* (*ŚJ,* 68).[15]
iii. *samarthe padaikyaṁ saḥ* (*samāsa ŚJ,* 344).
iv. *ārhād . . . asamāse niṣkādeḥ* (*ŚJ,* 818).

Due to merger of several *sūtras* of the *Aṣṭādhyāyī* in a single *sūtra*, many *sūtras* of the *Śabdajyotsnā* have become lengthy, abstruse and as a consequence they are not easy to remember in a sequence. For example, the following *sūtras* may be referred to:

i. *eṇyā ḍhañ drugopayaso yat mānārthe vayaḥ phale luk ca* (*ŚJ,* 766). This *sūtra* corresponds to five *sūtras* of Pāṇini (*A* 4.3.159-163).
ii. *pratijanādeḥ khañ bhaktāṇ ṇañ pariṣadaḥ ṇyaḥ kaṭhādeṣṭhak* (*ŚJ,* 804). This is the group of four *sūtras* of Pāṇini (*A* 4.4.99-102).
iii. *sarvapuruṣābhyāṁ ṇaḍhañau puruśādvadha vikāra-samūhatenakr̥teśu māṇavacarakābhyāṁ khañ* (*ŚJ,* 814). This *sūtra* covers two *sūtras* of Pāṇini (*A* 5.1.10-11) and the *vārttika* on *A* 5.1.10.
iv. *sryato jas ṅe ṅasi ām ṅīnāṁ śī smai smāt sām sminaḥ* (*ŚJ,* 140). This *sūtra* works for four *sūtras* of Pāṇini (*A* 7.1.14, 15, 17 and 7.1.52).

---

15. *vāse*<*vā 'ase* (=*asamāse*).

To clarify the subject matter, the author presents some verses having octosyllabic structure. Most of them are composed by Pt Bhiksharam himself. Here, in some cases, these verses are metrically defective.

Conclusion

In spite of these minor defects, the work deserves recognition in academic circles. The author of the *Śabdajyotsnā* aimed at and indeed succeeded in fully exposing the rules of Sanskrit grammar in lucid and clear diction. The work, a pioneering attempt of its kind, may very well be considered as a significant contribution to the tradition of Sanskrit grammar. It is supposed to be a simpler and smaller version of the *Siddhāntakaumudī* of Bhaṭṭojidīkṣita. The book, for sure, will stimulate greater interest in the principles of ancient Sanskrit grammar amongst modern grammarians and students equally.

प्रस्तावना

संस्कृत व्याकरणशास्त्र के प्रवचन की परंपरा अत्यन्त प्राचीन और बहुत समृद्ध रही है। महाभाष्यकार पतञ्जलि (ई.पू. द्वितीय शताब्दी) ने *ऋग्वेद* की कम-से-कम पाँच ऐसी ऋचाएँ उद्धृत की हैं, जिसमें दार्शनिक चिन्तन के साथ-साथ भाषाशास्त्रीय विचारों का भी निबन्धन देखा जा सकता है।[1] स्पष्ट है कि व्याकरणशास्त्र का अनुशीलन संहिताकाल से पहले ही प्रतिष्ठित हो चुका था। वैदिक मन्त्रों के पदपाठ में प्रकृति, प्रत्यय, धातु, उपसर्ग और समस्त पदों के घटकों का विश्लेषण व्याकरण-विषयक चिन्तन की परिष्कृत पद्धति का परिचायक है। आगे चलकर व्याकरणशास्त्र के लिए प्रयुक्त होने वाले शब्दानुशासन शब्द का प्रयोग ब्राह्मण ग्रन्थों,[2] उपनिषदों,[3] आदिकाव्य *रामायण*[4] और *महाभारत*[5] में उपलब्ध होने लगा।

पाणिनीय सम्प्रदाय के ग्रन्थों के अनुसार ब्रह्मा, बृहस्पति और भरद्वाज प्रभृति

---

1. पतञ्जलि ने *महाभाष्य* के प्रथम आह्निक (पृष्ठ 3-4) में पाँच मन्त्र उद्धृत किए हैं : (क) चत्वारि वाक्परिमिता (*ऋग्* 1.164.45), (ख) चत्वारि शृंगा (*ऋग्* 4.58.3), (ग) सुदेवो असि (*ऋग्* 8.69.12), (घ) सक्तुमिव (*ऋग्* 10.71.2) तथा (ङ) उत त्वः (*ऋग्* 10.71.4)। इस विषय में *निरुक्त* 13.7-9 भी देखें।

2. *गोपथब्राह्मण* (1.24) — ओंकारं पृच्छामः। को धातुः, किं प्रातिपदिकम्, किं नामाख्यातम्, किं लिङ्गम्, किं वचनम्, का विभक्तिः, कः प्रत्ययः, कः स्वर उपसर्गो निपातः किं वै व्याकरणम्.......।

3. *मुण्डकोपनिषद्* 1.1.5 — तत्रापरा ऋग्वेदो यजुर्वेदः सामवेदोऽथर्ववेदः शिक्षा कल्पो व्याकरणं छन्दो ज्योतिषमिति।

4. *रामायण*, किष्किन्धाकाण्ड (परिशिष्टगत 3.29) :

   नूनं व्याकरणं कृत्स्नमनेन बहुधा श्रुतम्।
   बहु व्याहरतानेन न किञ्चिदपभाषितम्।।

5. *महाभारत*, उद्योगपर्व, 43.36 : सर्वार्थानां व्याकरणाद् वैयाकरण उच्यते।
   प्रत्यक्षदर्शी लोकानां सर्वदर्शी भवेन्नरः।।

आचार्यों ने अपनी-अपनी शैली में अपना व्याकरणशास्त्र लिखा था।[6] यास्कीय *निरुक्त* से यह तथ्य सामने आता है कि शाकटायन और गार्ग्य आदि आचार्यों ने शब्द और धातु के संबंध के विषय में रुचिपूर्ण विचार-विमर्श किया था।[7] आचार्य पाणिनि ने अपनी *अष्टाध्यायी* में दस व्याकरणशास्त्रियों का सादर स्मरण किया है। पण्डित युधिष्ठिर मीमांसक ने *संस्कृत व्याकरणशास्त्र का इतिहास* (1984: I.68) में इस बात का दावा किया है कि पाणिनि से पूर्व लगभग 85 शाब्दिकों ने किसी न किसी रूप में व्याकरणशास्त्रीय अभ्यास किया था। मैक्समूलर (1968: 126-27) ने प्राक्पाणिनि ग्रन्थों में संकीर्तित 64 विद्वानों की तालिका प्रस्तुत की है, जो प्राचीन आचार्यों की व्याकरण-विषयक रुचि प्रदर्शित करने के लिए सुपुष्ट प्रमाण है।

अपने समय में उपलब्ध पूर्ववर्ती समग्र वाङ्मय का गम्भीर अध्ययन करके आचार्य पाणिनि ने अपने व्याकरण ग्रन्थ की रचना की, जो आज भी एक प्रकाशस्तम्भ का कार्य कर रहा है। इस ग्रन्थ के प्रकाशित होने पर अन्य व्याकरण-विषयक ग्रन्थ तेजोहीन होकर शनैः-शनैः विलुप्त होते गए। किन्तु व्याकरणशास्त्र के प्रणयन की परंपरा पाणिनि के बाद भी सतत प्रवाहशील रही और इस परंपरा में पाणिनीय व्याकरण के बाद भी लगभग बीसियों व्याकरणशास्त्र प्रकाश में आए।[8]

इसी परंपरा में संस्कृत व्याकरण के प्रौढ मनीषी आचार्य भिक्षाराम ने *शब्दज्योत्स्ना* नामक व्याकरण ग्रन्थ की रचना की, जो इस श्रृंखला में एक नवीन प्रयास कहा जा सकता है।

1. शब्दज्योत्स्ना के प्रणेता आचार्य भिक्षाराम

शब्दज्योत्स्ना के प्रणेता आचार्य भिक्षाराम का जन्म 25 जून 1887 को

---

6. पतञ्जलि ने *महाभाष्य* के पस्पशाह्निक (पृष्ठ 25-26) में लिखा है — बृहस्पतिरिन्द्राय दिव्यं वर्षसहस्रं प्रतिपदोक्तानां शब्दानां शब्दपारायणं प्रोवाच, नान्तं जगाम। *लघुशब्देन्दुशेखर* (पृष्ठ 22) में नागेश ने भी कहा है – यथाचार्या ऊचुः - ब्रह्मा बृहस्पतये प्रोवाच, बृहस्पतिरिन्द्रायेन्द्रो भरद्वाजाय भरद्वाज ऋषिभ्यः। *ऋक्तन्त्र* के प्रथम प्रपाठक (1.4, पृष्ठ 3) में भी यही शब्दावली प्राप्त होती है।

7. *निरुक्त* 1.12 — तत्र नामान्याख्यातजानीति शाकटायनो नैरुक्तसमयश्च। न सर्वाणीति गार्ग्यो वैयाकरणानां चैके।

8. द्र. युधिष्ठिर-मीमांसक-प्रणीत *संस्कृत व्याकरणशास्त्र का इतिहास* (1984), प्रथम भाग, पृष्ठ 77-78।

श्रीमद्भगवद्गीता की जन्मभूमि कुरुक्षेत्र के समीपवर्ती गाँव बारणा में पण्डित जगन्नाथ पाराशर के घर में हुआ था। आचार्य भिक्षाराम का श्रीकृष्ण नामक एक ही पुत्र था और उससे चार पुत्र आचार्य जी को पौत्र के रूप में प्राप्त हुए। आचार्य जी कुरुक्षेत्र के समीपवर्ती गाँव हथीरा में रहने वाले पण्डित रामचन्द्र जी के शिष्य थे। आचार्य जी ने 8 अगस्त 1975 को अपनी जीवनलीला समाप्त की। यह विचित्र संयोग था कि जिस समय उनकी शवयात्रा निकाली जा रही थी, उसी समय भाषा विभाग, हरियाणा सरकार, के अधिकारी उनके प्रगाढ वैदुष्य और संस्कृत साहित्य को उनके उल्लेखनीय योगदान के निमित्त सम्मानित करने के लिए उनके घर (गाँव बारणा) पहुँचे थे।

शब्दज्योत्स्ना के अतिरिक्त आचार्य जी ने अनेक काव्यों और स्तोत्रों की भी रचना की थी, जिनमें *नेहरुचरितम्*, *गान्धिचरितम्*, *पटेलचरितम्*, *मालवीयचरितम्*, *परशुरामचरितम्*, *व्यासपूजोपहारः*, *जातिसमालोचना*, *शुद्धिसमालोचना* तथा *कलियुगविधानम्* इत्यादि उल्लेखनीय हैं। ये सभी रचनाएँ पाण्डुलिपियों के रूप में सुरक्षित हैं।

आचार्य जी ज्योतिषशास्त्र और नक्षत्रविद्या के भी प्रकाण्ड विद्वान् थे। आचार्य जी ने अपने कनिष्ठ पौत्र प्रदीप की जन्मपत्रिका देखकर उसकी मृत्यु का दिन और समय साफ-साफ बतला दिया था। वह दिन आने पर आचार्य जी पौत्र-वियोग की असह्य पीडा से बचने के लिए घर-गाँव छोड़कर अज्ञात स्थान पर चले गए थे। आचार्य जी ने जिस दिन और जिस समय की भविष्यवाणी की थी, उसी दिन उसी समय उनके पौत्र की मृत्यु हो गई।

आचार्य भिक्षाराम जी के विविध शास्त्रों के गूढ ज्ञान से प्रभावित होकर उस समय काञ्चीकामकोटिपीठ के पीठाधीश्वर जगद्गुरु शंकराचार्य जी महाराज ने उन्हें "वेदवेदांगाचार्य" उपाधि से विभूषित किया था। शिमला में सम्पन्न एक शिक्षासमिति में आचार्य जी को "शिखरिणीसम्राट्" की पदवी से सम्मानित किया गया था।

2. शब्दज्योत्स्ना का लेखनकाल

शब्दज्योत्स्ना की पुष्पिका में इसके लेखन की तिथि और वार का विवरण दिया गया है। पुष्पिका का पाठ इस प्रकार है —

सिते माघे मासे शरमिततिथौ श्रीगुरुदिने
द्विसाहस्रे चाब्दे नरपतिवरे विक्रमकृते।
स्वशिष्याणां बोधो भवतु सपदीत्थं स्मृतियुतो
बुधो भिक्षारामः कुरुसदनवासी व्यरचयत्।।

इस विवरण के अनुसार *शब्दज्योत्स्ना* की रचना विक्रमी संवत्सर 2000 बीत जाने पर 2001 में माघ मास के शुक्ल पक्ष की पञ्चमी तिथि (वसन्त पञ्चमी) दिन गुरुवार को सम्पन्न हो चुकी थी। यह तिथि 18 जनवरी 1945 ई. को आती है। इस प्रकार उपर्युक्त सन्दर्भ के आधार पर *शब्दज्योत्स्ना* का रचनाकाल 1942–45 ई. के मध्य सुनिश्चित होता है।

3. शब्दज्योत्स्ना का प्रयोजन

लेखक के अनुसार *शब्दज्योत्स्ना* की रचना सामान्य विद्यार्थियों को सरल रीति से संस्कृत व्याकरण पढ़ाने के उद्देश्य से की गई है। *शब्दज्योत्स्ना* की भूमिका के प्रारम्भिक पद्यों में लेखक ने *शब्दज्योत्स्ना* के प्रयोजन को स्पष्ट किया है। वे लिखते हैं –

इदानीं ये छात्राः पठननिरता नो श्रमकरा
न तेषां सा बुद्धिः कठिनविषये या झटिति हि।
प्रबोधे साफल्यं भजति विदुषां मानविषयम्
इयं ज्योत्स्ना तेभ्यो भवतु विमलादर्शसदृशी।।[9]

अर्थात् आज के जो छात्र अध्ययनरत हैं, वे परिश्रमी नहीं हैं। उनकी बुद्धि (व्याकरण जैसे) कठिन विषय को समझने में झटपट वह सफलता नहीं प्राप्त करती, जिसे विद्वान् लोग सराहें। ऐसे विद्यार्थियों के लिए यह विमला *शब्दज्योत्स्ना* साफ–सुथरे दर्पण की भाँति तत्त्वबोधिका सिद्ध होवे।

शब्दज्योत्स्ना के लेखक आचार्य भिक्षाराम ने व्याकरणशास्त्र के उपदेष्टा भगवान् शिव, पाणिनि, कात्यायन और पतञ्जलि आदि वैयाकरणों तथा *काशिका* और *कौमुदी* के लेखकों और इन ग्रन्थों के टीकाकारों के प्रति गहन कृतज्ञता प्रदर्शित की है। आचार्य जी ने इन शब्दशास्त्रियों के प्रति इस प्रकार नमन किया है –

---

9. *शब्दज्योत्स्ना*, भूमिका, पद्य 5।

महेशं पाणिनिं चैव कात्यायनपतञ्जली।
काशिकाकौमुदीकर्तॄन् व्याख्यातॄंश्च नतोऽस्म्यहम् ।।[10]

4. शब्दज्योत्स्ना की रूप-रचना

शब्दज्योत्स्ना के सूत्र प्रक्रिया ग्रन्थों के अनुरूप प्रकरणानुसारी शैली में निबद्ध हैं। इस व्याकरण की कोई भी पुस्तक पूर्णरूप से उपलब्ध नहीं है। केवल इसके संज्ञा और सन्धि प्रकरणों से संवलित एक पुस्तक (ii+20 पृष्ठ) 24 मई 1985 को कुरुक्षेत्र से प्रकाशित हुई थी। ग्रन्थ का शेष भाग स्वयं लेखक द्वारा देशी कागज पर देवनागरी लिपि में लिखित पाण्डुलिपियों के रूप में मिलता है। ग्रन्थ का समास-प्रकरण और तद्धित-प्रकरण का कुछ अंश अप्राप्य है। *शब्दज्योत्स्ना* की चार पाण्डुलिपियाँ लेखक के घर से ही प्राप्त हुई हैं।

शब्दज्योत्स्ना के संज्ञा-प्रकरण में 40 सूत्र, सन्धि-प्रकरण में 82 सूत्र, षड्लिङ्ग-प्रकरण में 150 सूत्र, अव्यय-प्रकरण में 3 सूत्र, स्त्रीप्रत्यय-प्रकरण में 64 सूत्र तथा कारक-प्रकरण में 34 सूत्र मिलते हैं। समास और तद्धित प्रकरणों में कुल 638 सूत्र, दस गणों में 266 सूत्र, प्रक्रियाओं में 170 सूत्र और कृदन्त-प्रकरण में 144 सूत्र परिगणित किए जा सकते हैं। पाण्डुलिपियों में सूत्रांकन अव्यवस्थित होने के कारण सूत्र-संख्या में विसंगति होना सम्भावित है।

स्वर-विषयक प्रकरण और वैदिकी प्रक्रिया से सम्बद्ध विषय-वस्तु उपलब्ध नहीं है। किन्तु तिङन्त-प्रकरण में पृथक्तया लेट् लकार का निरूपण इस तथ्य को इंगित करता है कि लेखक ने वैदिक व्याकरण और वैदिक भाषा पर भी अवश्य विचार किया था। *शब्दज्योत्स्ना* की चार पाण्डुलिपियों में से एक पाण्डुलिपि (MS. B) की हिन्दी भूमिका में लेखक ने स्वयं कहा है कि उसने वैदिक भाषा से सम्बद्ध एक अध्याय पृथक् रूप से लिखा है। दुर्भाग्यवश, यह अध्याय उपलब्ध पाण्डुलिपियों में प्राप्त नहीं है।*

---

10. *शब्दज्योत्स्ना*, भूमिका, पद्य 2

* लेट्लकारनिरूपण से सम्बन्धित दो पाण्डुलिपियाँ उपलब्ध होती हैं। सम्भव है, आचार्य जी इसी प्रकरण को वैदिक-प्रकरण कह रहे हों। इन दोनों पाण्डुलिपियों का विवरण निम्नवत् है —

प्रथम पाण्डुलिपि में : 21×17 से.मी. आकार के देशी कागज पर काली स्याही में लकड़ी की कलम से दोनों ओर लिखे हुए 5 पत्र (folios) हैं। प्रत्येक पृष्ठ पर लगभग 13 पंक्तियाँ

→

5. शब्दज्योत्स्ना का वैशिष्ट्य

जैसाकि पहले कहा जा चुका है, *शब्दज्योत्स्ना* की रचना साधारण विद्यार्थी को सरल रीति से संस्कृत व्याकरण सिखाने के लिए की गई है। लेखक ने *अष्टाध्यायी* तथा *प्रातिशाख्य* आदि अन्य ग्रन्थों की भाँति अपने ग्रन्थ में भी प्रत्याहार, अनुवृत्ति, अनुबन्ध आदि का आश्रय लिया है। इस उद्देश्य की पूर्ति के लिए लेखक ने संस्कृत व्याकरण की दुरूह प्रक्रिया को सरल करने का पूरा प्रयास किया है। *शब्दज्योत्स्ना* के वैशिष्ट्य को प्रदर्शित करने के लिए कतिपय बिन्दु प्रस्तुत किए जा रहे हैं —

5.1 सूत्रगत संक्षेप

शब्दज्योत्स्ना के सूत्र पाणिनि के सूत्रों की अपेक्षा पर्याप्त संक्षिप्त हैं। उदाहरणार्थ, "इको यणचि" (*अष्टा.* 6.1.77) और "एचोऽयवायाव:" (*अष्टा.* 6.1.78) इन दो

→ तथा प्रतिपंक्ति लगभग 14–15 अक्षर हैं। लेट् लकार में भू सत्तायाम्, एध् वृद्धौ तथा दध धारणे — केवल इन तीन धातुओं के रूप प्रदर्शित किए गए हैं तथा इसी रीति से अन्य धातुओं की भी रूपावली निष्पन्न करने का परामर्श है।

प्रारम्भिक पाठ इस प्रकार है —

ओ३म्
श्री गणेशाय नम:
अथ लेट्लकाररूपाणि

समाप्ति इस प्रकार है —

एवं लेट्लकारे सर्वेषां धातूनां रूपाणि ज्ञातव्यानि।

दूसरी पाण्डुलिपि में : 21×17 से.मी. आकार के देशी कागज पर दोनों ओर बाल पेन से लिखे 4 पत्र (folios) हैं। प्रत्येक पृष्ठ पर लगभग 14–15 पंक्तियाँ तथा प्रतिपंक्ति लगभग 15–16 अक्षर हैं। लेट् लकार में भू सत्तायाम्, एध वृद्धौ तथा दध धारणे - केवल इन तीन धातुओं के रूप प्रदर्शित किए गए हैं तथा इसी रीति से अन्य धातुओं की रूपावली निष्पन्न करने का परामर्श दिया गया है। कहीं-कहीं हिन्दी में स्पष्टीकरण भी है।

प्रारम्भिक पाठ इस प्रकार है —

ओ३म्
श्रीगणेशाय नम:
अथ लेट्लकाररूपाणि

समाप्ति इस प्रकार है —

दधिषसे दाधिषासे दाधिषासै दधिषे।

सूत्रों के स्थान पर *शब्दज्योत्स्ना* का एक सूत्र "इचां यणयवायावोऽचि" (43) ही कार्यसिद्धि कर देता है।[11] इसी प्रकार *शब्दज्योत्स्ना* का एक अन्य सूत्र "झलां जश् झश्यन्ते च" (45) पाणिनीय *अष्टाध्यायी* के दो सूत्रों "झलां जश् झशि" (8.4.53) तथा "झलां जशोऽन्ते" (8.2.39) के कार्य की पूर्ति करने में समर्थ है। *शब्दज्योत्स्ना* का एक अन्य सूत्र "सर्गादृति व्रि सुब्धौ वा" (57) अष्टाध्यायी के "उपसर्गादृति धातौ" (6.1.91) तथा "वा सुप्यापिशलेः" (6.1.92) इन दो सूत्रों के लक्ष्य को पूर्ण कर देता है। *शब्दज्योत्स्ना* का एक अन्य सूत्र "स्तोः श्चुष्टुभ्यां श्चुष्टू" (75) पाणिनि के "स्तोः श्चुना श्चुः" (8.4.40) और "ष्टुना ष्टुः" (8.4.41) इन दो सूत्रों के स्थान पर अकेला ही कार्य करता है। कुछ अन्य उदाहरण निम्नलिखित रूप में प्रस्तुत हैं –

अष्टाध्यायी	*शब्दज्योत्स्ना*
अकः सवर्णे दीर्घः (6.1.101)	अकोऽकि दी. (42)
ङमो ह्रस्वादचि ङमुण् नित्यम् (8.3.32)	ह्राद् ङमोऽचि (94)
एतत्तदोः सुलोपोऽकोरनञ्समासे हलि (6.1.132)	सैषाद् हलि (121)
तस्माच्छसो नः पुंसि (6.1.103)	सो नः पुंसि (128)

5.2 संज्ञागत संक्षेप

शब्दज्योत्स्ना के सूत्रों में संक्षेप की दृष्टि से संकेतात्मक लघुतम संज्ञाओं का प्रयोग किया गया है। उदाहरणार्थ निम्नलिखित विवरण प्रस्तुत है –

अष्टाध्यायी	**शब्दज्योत्स्ना**	**अष्टाध्यायी**	**शब्दज्योत्स्ना**
धातु	धु	समास	स
प्रत्यय	त्य	तद्धित	त
विभक्ति	क्ति	कारक	क
गुण	गु	विसर्ग	वि
वृद्धि	व्रि	पदान्त	द
ह्रस्व	ह्र	सम्बुद्धि	धि
दीर्घ	दी	उपसर्ग	सर्ग
प्लुत	प्लु	उपधा	धा

11. इस सन्दर्भ में यह जानना रुचिपूर्ण होगा कि नागेश ने *अष्टाध्यायी* (6.1.78) पर विचार करते हुए *लघुशब्देन्दुशेखर* (पृष्ठ 260) में यह मन्तव्य प्रस्तुत किया है – "इकोऽचि यणयवायावः, अवावौ यि प्रत्यये" इति सूत्रयितुमुचितम् इत्याहुः।

पारिभाषिक संज्ञाओं की यह संक्षेप शैली सम्भवत: प्रातिशाख्यों और *जैनेन्द्रव्याकरण* जैसे अन्य ग्रन्थों से अनुहृत की गई है।[12]

5.3 नवीन संज्ञाओं का प्रवर्तन

शब्दज्योत्स्ना में पाणिनीय व्याकरण में प्रयुक्त प्रख्यात संज्ञाओं के अतिरिक्त कतिपय नवीन संज्ञाओं का प्रयोग किया गया है। *शब्दज्योत्स्ना* में "लोप" और "लोपश्" दो भिन्न-भिन्न संज्ञाएँ प्रयुक्त हुई हैं, जो क्रमश: "अदर्शनं लोप:" (सूत्र 2) तथा "वर्णविरोधो लोपश्" (सूत्र 3) द्वारा विहित हैं। बहुत सम्भव है कि "लोपश्" यह

---

12. विभिन्न ग्रन्थों में प्रयुक्त कतिपय एकाक्षरी पारिभाषिक संज्ञाओं का विवरण प्रस्तुत है :

(क) *ऋक्तन्त्र* और *सामतन्त्र* (सामप्रातिशाख्य)

भ	=	स्तोभ	(*ऋ.त.* 150; *सा.त.* 235, 377, 393, 398)
द	=	पद	(*ऋ.त.* 69, 272; *सा.त.* 415)
घ	=	दीर्घ	(*ऋ.त.* 50, 93, 103, 112, 113, 148; *सा.त.* 63, 171, 368, 412)
घु	=	लघु	(*ऋ.त.* 236, 237; *सा.त.* 640, 665)
स्य	=	रहस्य	(*ऋ.त.* 277 (वृत्ति); *सा.त.* 369, 403, 417, 639, 757)
ठ्य	=	कण्ठ्य	(*ऋ.त.* 147; *सा.त.* 409)
ति	=	गति	(*ऋ.त.* 29, 110; *सा.त.* 150)

(ख) शुक्लयजु:प्रातिशाख्य : जित् (1.50), मुत् (1.52), धि (1.53)

(ग) पाणिनीय गणपाठ : असे=असमासे,
उत्सादिगण (*अष्टा.* 4.1.86, गणसूत्र = बष्कयासे)
गर्गादिगण (*अष्टा.* 4.1.105, गणसूत्र=वाजासे)

(घ) जैनेन्द्रव्याकरण : दी=दीर्घ (1.1.11)
धु=धातु (1.2.1)
स=समास (1.3.2)
त्य=प्रत्यय (2.1.1)

संज्ञा *सारस्वतव्याकरण* से अनुहृत है।[13] *शब्दज्योत्स्ना* में "लोपश्" संज्ञा का प्रयोजन गुण और वृद्धि की प्रवृत्ति का प्रतिषेध करना है, जो पाणिनीय तन्त्र में "पूर्वत्रासिद्धम्" (*अष्टा.* 8.2.1) सूत्र द्वारा नियन्त्रित की जाती है। एक अन्य प्रसंग में *शब्दज्योत्स्ना* में "ढि" संज्ञा (सूत्र 164) का व्यवहार दृष्टिगोचर होता है, जो पाणिनि के "यू स्त्र्याख्यौ नदी" (*अष्टा.* 1.4.3) सूत्र द्वारा विहित "नदी" संज्ञा के स्थान पर व्यवहृत है।

शब्दज्योत्स्नाकार ने आपिशल व्याकरण में प्रयुक्त सार्वधातुका और आर्धधातुका तथा पाणिनि द्वारा प्रयुक्त सार्वधातुक और आर्धधातुक इन सुदीर्घ संज्ञाओं का सर्वथा परित्याग किया है। *शब्दज्योत्स्ना* में लकारपरिगणन पर आश्रित "लच्" और "लिक्" प्रत्याहारों को इस प्रयोजन के लिए उपस्थापित किया गया है। वस्तुस्थिति यह है कि *शब्दज्योत्स्ना* में लकारों को इस रूप में उपदिष्ट किया गया है : लट्, लङ्, लोट्, **लिङ्च्** लिट्, लिङ्, लुट्, लृट्, लृङ्, **लुङ्क्**, लेट्। *शब्दज्योत्स्ना* में "लट्" और "लिट्" के आद्य वर्णों को क्रमशः "लिङ्च्" के चकार और "लुङ्क्' के ककार के साथ जोड़कर "लच्" और "लिक्" दो प्रत्याहार प्रस्तुत किए गए हैं। इस रीति से "लच्" प्रत्याहार से लट्, लङ्, लोट्, और लिङ् (विधिलिङ्)—इन सार्वधातुक लकारों का ग्रहण होता है। इसी प्रकार "लिक्" प्रत्याहार लिट्, लिङ् (आशीर्लिङ्), लुट्, लृट्, लृङ्, और लुङ्–इन आर्धधातुक लकारों का प्रत्यायक है। इस प्रकार *शब्दज्योत्स्ना* में "सार्वधातुक" और "आर्धधातुक"— इन संज्ञाओं की आवश्यकता नहीं रही।

5.4 रूपसिद्धि

शब्दज्योत्स्ना के अनुसार रूपसिद्धि की प्रक्रिया अत्यन्त सरल और संक्षिप्त है। यथा, सन्धिप्रकरण में "सन्+शम्भुः" इस स्थिति में पाणिनि "शि तुक्" (*अष्टा.* 8.3.31) इस सूत्र से पदान्त नकार को शकार परे रहते वैकल्पिक तुक् के आगम का विधान करते हैं तथा "सन् त् शम्भुः" ऐसी स्थिति में "स्तोः श्चुना श्चुः" (*अष्टा.* 8.4.40) सूत्र से श्चुत्व होकर तकार को चकार तथा नकार को ञकार हो जाता है। तत्पश्चात् "शश्छोऽटि" (*अष्टा.* 8.4.63) सूत्र से शकार को वैकल्पिक छकार होकर

13. द्रष्टव्य *सारस्वतव्याकरण* के सूत्र :

संज्ञाप्रकरण (सूत्र 11); स्वरसन्धि (सूत्र 13); विसर्गसन्धि (सूत्र 8,18)

"सन्+शम्भुः > सन् त् शम्भुः > सन् च् शम्भुः > सञ् च् शम्भुः > सञ्च्छम्भुः" ये वैकल्पिक रूप निष्पन्न होते हैं।

शब्दज्योत्स्ना में इस रूपसिद्धि के लिए तुक् की अपेक्षा "शि चक्" (सूत्र 92) से सीधे ही "चक्"आगम का विधान किया गया है, जिससे तकार को श्चुत्व करने की आवश्यकता नहीं रह जाती। सम्भवतः यह विधान आचार्य मलयगिरि के *शब्दानुशासन* से लिया गया है, जहाँ सन्धि-प्रकरण (5) में "शि चक्" (सूत्र 21) उपदिष्ट है।

सुबन्त-प्रकरण में पाणिनीय तन्त्र के अनुसार सखि (पुँल्लिङ्ग) शब्द के प्रथमा विभक्ति के एकवचन में "सखा" पद की निष्पत्ति के लिए 6-7 सूत्रों की प्रवृत्ति देखी जाती है, जिसे लम्बी प्रक्रिया कहा जा सकता है। यह प्रक्रिया इस प्रकार है :

"सखि" शब्द से प्रथमा विभक्ति के एकवचन की विवक्षा में "सु" प्रत्यय आने पर "सखि सु" इस स्थिति में "अनङ् सौ" (*अष्टा.* 7.1.93) सूत्र से विहित "अनङ्" "अनेकाल् शित्सर्वस्य" (*अष्टा.* 1.1.55) तथा ङित् होने से "ङिच्च" (*अष्टा.* 1.1.53) सूत्रों के निर्देश की अनुपालना में 'सखि' शब्द के अन्त्य इकार के स्थान पर प्रवृत्त होता है। तब "सख् अन् स्" ऐसी स्थिति में "अपृक्त एकाल् प्रत्ययः" (*अष्टा.* 1.2.41) सूत्र से "स्" की अपृक्त संज्ञा होने पर "हल्ङ्याब्भ्यो दीर्घात् सुतिस्यपृक्तं हल्" (*अष्टा.* 6.1.68) सूत्र से सकार का लोप हो जाता है। "सख् अन्" इस स्थिति में "अलोऽन्त्यात् पूर्व उपधा" (*अष्टा.* 1.1.65) सूत्र से अन्त्य अल् नकार से पूर्ववर्ती अकार की उपधा संज्ञा होने पर "सर्वनामस्थाने चासम्बुद्धौ" (*अष्टा.* 6.4.8) सूत्र से उपधासंज्ञक अकार को दीर्घ करके तदनन्तर "नलोपः प्रातिपदिकान्तस्य" (*अष्टा.* 8.2.7) सूत्र से नकार का लोप करने पर "सखा" पद निष्पन्न होता है।

पक्षान्तर में, *शब्दज्योत्स्ना* की प्रक्रिया के अनुसार "सखि सु" इस स्थिति में "सख्यृवर्णोशनस्पुरुदंशनेहोभ्यः सोर्डा" (सूत्र 156) से "सु" के स्थान पर "डा" आदेश करके डित्त्व होने के कारण सखिशब्दगत टि (इकार) का लोप करके "सखा" पद सिद्ध हो जाता है। शब्दज्योत्स्नागत इस व्यवस्था पर भी *सारस्वतव्याकरण* (7.44, पृष्ठ 90) का प्रभाव परिलक्षित होता है।

कृदन्त-प्रकरण में *शब्दज्योत्स्ना* के अनुसार "पक्त्रिम" इत्यादि रूपों की सिद्धि में शब्दज्योत्स्नागत "ड्वितस्त्रिमक् ट्वितोऽथुच् (सूत्र 164) की प्रवृत्ति होती है, जिसके अनुसार ड्वित् धातु से "त्रिमक्" (त्रिम) कृत्प्रत्यय का विधान है। उदाहरणार्थ, "डु पचष् पाके" इस धातु से प्रकृत सूत्र द्वारा "त्रिमक्" (त्रिम) प्रत्यय होने पर "पच् त्रिम" इस स्थिति में *शब्दज्योत्स्ना* के सूत्र "ऋत्विग् दधृष्........स्पृश् विनां कुः" (सूत्र 228) से कुत्व होकर "पक्त्रिम" रूप बनता है।

पाणिनीय तन्त्र के अनुसार इस रूपसिद्धि के लिए "पच्" धातु से "ड्वितः क्त्रिः" (*अष्टा.* 3.3.88) सूत्र से "क्त्रि" प्रत्यय करने पर "त्रेर्मम् नित्यम्" (अष्टा. 4.4.20) से मम् (म) आगम करना पड़ता है और तब "पक्त्रिम" रूप सिद्ध होता है।[14]

कारक-प्रकरण में *शब्दज्योत्स्ना* का एक सूत्र है : "अनुक्तकर्तृ-करण-हेतु-विशेषण-भेदकेषु त्री." (सूत्र 346), जिसकी प्रवृत्ति में "अक्ष्णा काणः" यह उदाहरण भी प्रस्तुत किया गया है। पाणिनीय व्याकरण में इस उदाहरण के लिए "येनाङ्गविकारः" (*अष्टा.* 2.3.20) यह विशिष्ट सूत्र उपन्यस्त किया गया है। शब्दज्योत्स्ना के अनुसार "अक्ष्णा काणः" इस रूप को "हेतु" के अन्तर्गत ही रखकर "अक्षिहेतुकं काणत्वम्" इस रूप में हेतुतृतीया से अथवा "भेदक" से ही कार्यसिद्धि हो जाती है और पाणिनीय तन्त्र की भाँति पृथक् सूत्र-रचना की आवश्यकता नहीं रह जाती।

तद्धित-प्रकरण में 'यौजनिक" (एक योजन तक चलने वाला) रूप की सिद्धि के लिये पाणिनीय *अष्टाध्यायी* में "योजनं गच्छति" (5.1.74) सूत्र से ठञ् प्रत्यय किया जाता है। इस सूत्र पर "क्रोशशतयोजनशतयोरुपसंख्यानम्" वार्तिक प्रस्तुत करते हुए कात्यायन का परामर्श है कि "क्रौशशतिक" (क्रोशशतं गच्छति) और "यौजनशतिक" (योजनशतं गच्छति) रूपों की सिद्धि के लिए "क्रोशशत" और "योजनशत" का भी परिगणन किया जाना आवश्यक है। किन्तु *शब्दज्योत्स्ना* के तद्धित-प्रकरण में एक सामान्य सूत्र "तत्र गच्छति", "अभिगमनं करोति" (सूत्र 831) उपदिष्ट है, जो इन सभी स्थितियों में प्रवृत्त हो जाता है और कात्यायन की एक अन्य वार्तिक "ततोऽभिगमनमर्हतीति च वक्तव्यम्" (5.1.74) का क्षेत्र भी इसी के अन्तर्गत आ जाता है।

14. यहाँ पाणिनीय प्रक्रिया में 'चोः कुः' (*अष्टा.* 8.2.30) सूत्र से चकार को कुत्व ककार होता है।

6. कतिपय न्यूनताएँ

लेखक ने *शब्दज्योत्स्ना* की रचना पाणिनि, कात्यायन और पतञ्जलि प्रभृति प्राचीन आचार्यों की व्याकरण-विषयक कृतियों का अध्ययन करने के बाद ही की है। लेखक ने इन आचार्यों द्वारा प्रवर्तित नियमों को सरल और स्पष्ट रूप में सूत्रित करने का प्रयास किया है, जिसके परिणामस्वरूप *शब्दज्योत्स्ना* के सूत्र सरल और संक्षिप्त तो हो गए हैं; फिर भी इस व्याकरण ग्रन्थ में कुछ न्यूनताएँ दिखाई देती हैं। यथा –

शब्दज्योत्स्ना अपने-आप स्वतन्त्र शास्त्र के रूप में स्थापित नहीं हो सकती, क्योंकि यह पाणिनीय सम्प्रदाय में प्रचलित धातु-पाठ, गण-पाठ, परिभाषा-पाठ और इसी प्रकार की अन्य सम्बद्ध सामग्री पर अवलम्बित है।

सूत्र-रचना में भी कहीं-कहीं असावधानी हो गई है। लेखक ने संज्ञा-प्रकरण में "टित्किदावाद्यन्तौ" (सूत्र 24) यह सूत्रित किया है और सन्धि-प्रकरण में "आद्यन्तौ टकितौ" (सूत्र 89) यह सूत्र प्राप्त होता है। इसी प्रकार सन्नन्त-प्रकरण में लेखक ने "सन्" प्रत्यय के विधान के लिए "आशंकास्वेच्छयोः सन्" (सूत्र 1) तथा "आशंकार्थे सन् प्रत्ययः" (सूत्र 11) इन एकरूप दो सूत्रों का विधान किया है। दूसरा सूत्र पहले में ही गतार्थ हो सकता है।

कतिपय सन्दर्भों में लेखक स्वयमेव अपने नियमों का अनुपालन न करता हुआ प्रतीत होता है। उदाहरणार्थ, "दीर्घ" के लिए "दी" के प्रयोग की व्यवस्था (सूत्र 7) किए जाने पर भी लेखक ने "दी" की अपेक्षा "दीर्घ" शब्द का प्रयोग करके ही "परौ व्रजेः सो दान्ते दीर्घश्च" (सूत्र 232) इस प्रकार सूत्र-रचना की है। संज्ञा-प्रकरण में विभक्तियों के लिए (सूत्र 38 द्वारा) प्रि. द्वि. त्रि. चि. पि. षि. प्ति. का विधान किया है, किन्तु कारक-प्रकरण में इनके लिए दीर्घ ईकार का प्रयोग करके प्री.द्वी.त्री.ची.पी. षी.प्ती. इस रूप में व्यवहार किया है।

निम्नलिखित कतिपय सूत्र ऐसे हैं, जिनकी रूप-रचना में समास के लिए उपदिष्ट "स" के प्रयोग में समरूपता नहीं है –

(क) समासस्य सः (सूत्र 29)।

(ख) इकोऽसमेऽचि ह्रो वाऽसेऽसिति (सूत्र 68)[15]।

15. वासे < वाऽसे (वा असमासे)।

(ग) समर्थे पदैक्यं सः (समास-प्रकरण, सूत्र 344)।

(घ) आर्हाद्......असमासे निष्कादेः (सूत्र 818)।

अष्टाध्यायी के कई-कई सूत्रों को जोड़कर एक सूत्र में सूत्रित करने के प्रयास में *शब्दज्योत्स्ना* के कई सूत्र लम्बे, दुरूह और क्रमपूर्वक कण्ठस्थ करने में कठिन हो गए हैं। उदाहरणार्थ निम्नलिखित सूत्रों को देखा जा सकता है —

(क) एण्या ढञ् द्रुगोपयसो यत् मानार्थे वयः फले लुक् च (सूत्र 766)। यह सूत्र पाणिनीय *अष्टाध्यायी* के पाँच सूत्रों (4.3.159-63) को संगृहीत करके बनाया गया है।

(ख) प्रतिजनादेः खञ् भक्ताण्णञ् परिषदः ण्यः कठादेष्ठक् (सूत्र 804)। यह सूत्र पाणिनि के चार सूत्रों (4.4.99-102) का संकलन है।

(ग) सर्वपुरुषाभ्यां णढञौ पुरुषाद्वधविकारसमूहतेनकृतेषु माणवचरकाभ्यां खञ् (सूत्र 814)।
इस एक सूत्र में पाणिनि के दो सूत्र (5.1.10-11) तथा तद्गत एक वार्तिक समाहृत हैं।

(घ) स्रयतो जस् ङे ङसि आम् ङीनां शी स्मै स्मात् साम् स्मिनः (सूत्र 140)। यह अकेला सूत्र पाणिनि के चार सूत्रों (7.1.14,15,17,52) का कार्य करता है।

विषयवस्तु को सुस्पष्ट करने के लिये लेखक ने यत्र-तत्र कुछ अनुष्टुप् छन्द के श्लोक प्रस्तुत किये हैं। इनमें से अधिकांश पद्य पण्डित भिक्षाराम द्वारा विरचित हैं। यहाँ कतिपय पद्यों में छन्दोविषयक दोष प्राप्त होता है।

निष्कर्ष

इन न्यूनताओं के होते हुए भी यह ग्रन्थ विद्वानों के लिए समादरणीय कहा जा सकता है। संस्कृत व्याकरण के सिद्धान्तों को सरल और सुबोध शैली में प्रस्तुत किया जाना लेखक का प्रयास प्रशस्य है। अपने ढंग का यह ग्रन्थ संस्कृत व्याकरण की परंपरा में एक उल्लेखनीय योगदान है। इसे भट्टोजिदीक्षितप्रणीत *वैयाकरणसिद्धान्तकौमुदी* का सरल और संक्षिप्त संस्करण भी कहा जा सकता है। यह ग्रन्थ निश्चित रूप से आधुनिक विद्वानों और विद्यार्थियों में समान रूप से संस्कृतव्याकरणशास्त्रीय सिद्धान्तों के प्रति गहन रुचि उत्पन्न करेगा।

Genealogy of Pt. Bhiksharam

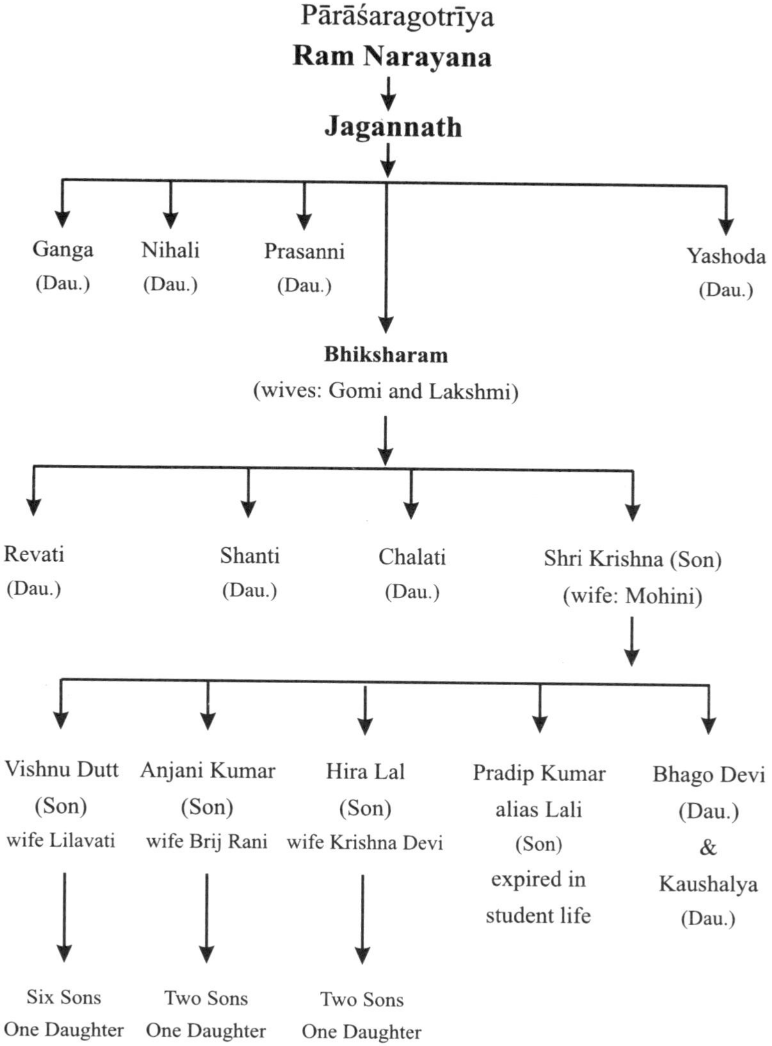

पण्डित भिक्षाराम का वंशानुक्रम

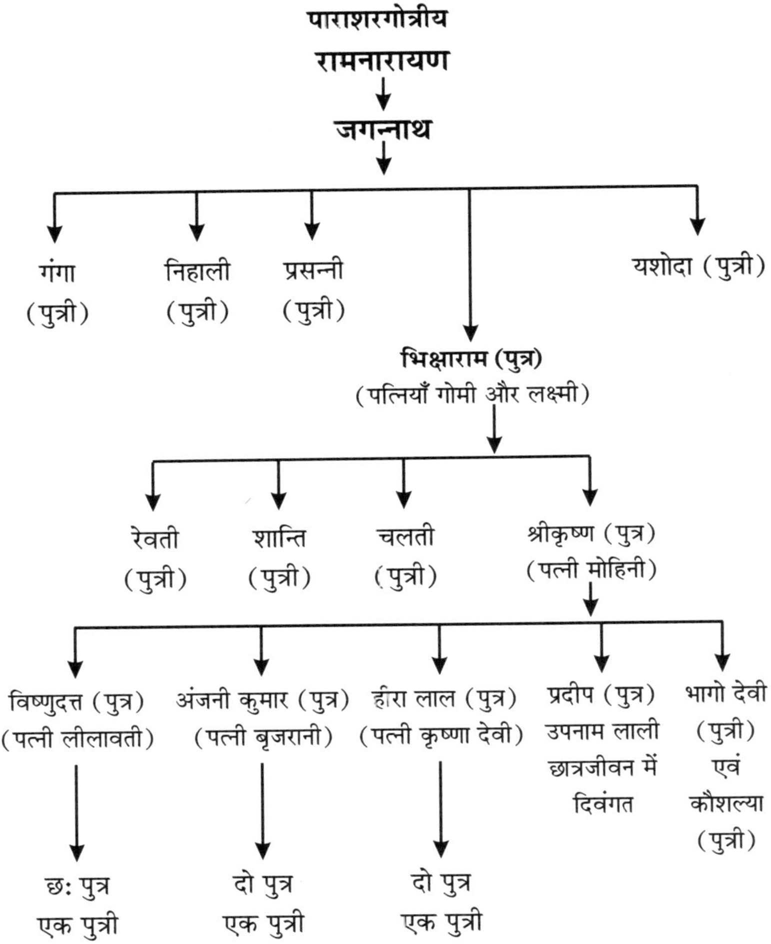

॥ अथ शब्दज्योत्स्ना ॥

॥ लेखककृता भूमिका ॥

इन्द्रश्चन्द्रः काशकृत्स्नापिशली शाकटायनः ।
पाणिन्यमरजैनेन्द्रा जयन्त्यष्टादिशाब्दिकाः[1] ॥१॥

महेशं पाणिनिं चैव कात्यायनपतञ्जली ।
काशिकाकौमुदीकर्तॄन् व्याख्यातॄँश्च नतोऽस्म्यहम् ॥२॥

मतं चैषां ज्ञात्वा तदभिलषितां वाक्यसरणिं
विधाय व्याख्यातं सरलविधिना पुस्तकमिदम् ।
क्वचित्तेषां सूत्रं विकृतिरहितं तादृशमिव
विकल्प्याथो किञ्चिद् धृतमिह परेषां हितधिया ॥३॥

पदानां सिद्ध्यर्थं सरलविधिरत्रानुविहितो
यथा लोके चैवं सरससरलः[2] पाठनविधौ ।
भवेद् यत्नश्चायं शिशुजनकृते क्लेशरहितः
पठन्त्वेनं छात्रा उपकृतिरियं मे च भवतु ॥४॥

इदानीं ये छात्राः[3] पठननिरता नो श्रमकराः
न तेषां सा बुद्धिः कठिनविषये या झटिति हि ।
प्रबोधे साफल्यं भजति विदुषां मानविषयम्
इयं ज्योत्स्ना तेभ्यो भवतु विमलादर्शसदृशी ॥५॥

विभागः सन्ध्यन्तः प्रथममयमस्ति प्रकटितः
ततः शेषो भागोऽनुमतिमधिगत्यैव विदुषाम् ।
पुनर्मुद्राप्यः स्यादिति कृतधिया संप्रति मया
भवत्पार्श्वे प्रेष्याऽनुमतिरधुनापेक्ष्यत इह ॥६॥

---

१. अयं श्लोको वोपदेवकृते कविकल्पद्रुमे (पद्यसंख्या २) प्राप्यते। ed.

२. 'परमसुगमः' इति साधीयान् पाठः, प्रथमे चरणेऽपि 'सरल' प्रयोगदर्शनात्। ed.

३. 'बालाः' इति साधीयान् पाठः पूर्वप्रयुक्तच्छात्रपदपुनरावर्तननिवारणाय। ed.

श्रीगौरीशंकरेणेदं श्रीगौरीश्वरतुष्टये ।
मुद्राप्य स्वार्जितैर्द्रव्यैः शब्दज्योत्स्नेयमर्प्यते ॥७॥

'आ परितोषाद् विदुषां न साधु मन्ये प्रयोगविज्ञानम् ।'
उक्तिमिमां मानयतो मम प्रमाणं सुविज्ञजन एवम्[४] ॥८॥

विदुषामनुचरो
भिक्षारामशास्त्री
द्वारा- कुरुक्षेत्रविश्वविद्यालयः, कुरुक्षेत्रम्।

---

४. अन्तिमं पद्यत्रयमधुनाऽप्रासंगिकमेव, इतिहाससंरक्षणाय पुनरप्युपात्तम्। ed.

श्रीगणेशाय नमः

॥ अथ शब्दज्योत्स्ना ॥

विद्याराजं हयग्रीवं रामचन्द्रगुरोः पदम्।
नत्वा ध्यात्वा स्वहृदये शब्दज्योत्स्नां करोम्यहम्॥

॥ अथ संज्ञाप्रकरणम् ॥

1. अइउण् । 2. ऋलृक् । 3. एओङ् । 4. ऐऔच् । 5. हयवरट् । 6. लण्। 7. ञमङणनम् । 8. झभञ् । 9. घढधष् । 10. जबगडदश् । 11.खफछठथचटतव् । 12. कपय् । 13. शषसर् । 14. हल् ।

इति माहेश्वराणि सूत्राणि प्रत्याहारबोधकानि ।

१. **अन्यार्था उक्ता वर्णा इतः ।**

यथापूर्वं सूत्रेषु अन्त्याः । हकारादिष्वकार उच्चारणार्थः । हकारस्य द्विरुक्तिः अट्शल्प्रत्याहारार्था ।

२. **अदर्शनं लोपः ।**

३. **वर्णविरोधो लोपश्[१] ।**

४. **इतां सर्वत्र लोपः ।**

५. **आदीदभ्यां तन्नाम प्रत्याहारः ।**

६. **प्रत्याहारेषु इतां न ग्रहणम् ।**

यथा अण् अक् अच् इच् अल् हल् । सूत्रेष्वदृष्टं पदमन्यसूत्रादनुनेयम् ।

७. **उ ऊ ऊ३ ह्रदीप्लु ।**

एकमात्रो ह्र ह्रस्वः । द्विमात्रो दी दीर्घः । त्रिमात्रः प्लु प्लुतः ।

८. **मुखनासोक्तं वर्णं नस्यम् ।**

यथा- रहहीना[२] अण् प्रत्याहारः ।

---

१. वर्णादर्शनं लोपः ॥११॥ वर्णविरोधो लोपश् ॥१२॥ इति सूत्रद्वयं सारस्वतव्याकरणे (पृ. २०) संज्ञाप्रकरणे प्राप्यते । ed.

२. अचो यवलाश्चेति निष्कर्षः। ed.

९. **अणां भेदा वर्ग्या ऋ लृ समम् ।**

१०. **कु चु टु तु पु वर्गाः ।**

उकारेण पञ्चानां ग्रहणम् । आदेशा यथाक्रमम् ।

११. **वृद्धिरादैजारालः ।**

यथा अ इ उ ऋ लृणाम् आत् ऐ औ आर् आल् । तस्य संज्ञा व्रि. ।

१२. **गुणोऽदेङरल् ।**

तस्य गु. संज्ञा । अ इ उ ऋ लृणाम् । अत् ए ओ अर् अल् । वर्णेन सवर्णग्रहः। तकाराभ्यां केवलस्य । यथा अवर्ण इत्यनेन अ आ आ३ ह्रदीप्लूनां ग्रहः, अत्–अकारः। आभ्यां ह्रस्वस्यैव ग्रहणम् न तु दीर्घादीनाम् । एवं आ आदि स्वराणां भेदाः ।

आगमो मित्रवत् । आदेशः शत्रुवत् ।

१३. **अनच्हलां योगः ।**

संयोगसंज्ञा ।

१४. **योगादिपरो लघुर्गुरुर्दीर्घश्च ।**

१५. **भ्वादिर्धुर्धातुः ।**

१६. **विभक्तेः क्तिः ।**

सा सुप्तिङ्भेदेन द्विविधा ।

१७. **क्त्यन्तं पदम् ।**

१८. **मेलनं सन्धिः ।**

१९. **प्रत्ययस्य त्यः ।**

२०. **अन्त्याजादिष्टिः ।**

यथा मनस् इत्यत्र अस् इत्यस्य टि संज्ञा यत्रान्तेऽजेव तत्र तस्यैव टि संज्ञा, यथा हल+ईषा हलीषा ।

२१. **पूर्वोऽन्त्याद् धा ।**

२२. **वा विकल्पः ।**

२३. **प्रादिः सर्गः, धुयोगे गतिश्च ।**

प्र परा अप सम् अनु अव निस् निर् दुस् दुर् वि आङ् नि अधि अपि अति सु उत् अभि प्रति परि उप । एते द्वाविंशतिः सर्गसंज्ञकाः ।

२४. **टित्किदावाद्यन्तौ ।**

२५. **अन्त्याचः परो मित् ।**

२६. **अन्त्यस्य षष्ठ्युक्तङितौ ।**

२७. **सर्वस्याऽनेकाल्शितौ ।**

२८. **साच्यणामिकः स्प्रिः ।**

सम्प्रसारणस्य ।

२९. **समासस्य सः ।**

३०. **तद्धितस्य तः ।**

३१. **अनुस्वारस्य बिन्दुः ।**

३२. **विसर्गस्य विः ।**

३३. **कारकाणां कः ।**

३४. **≍क≍ख जिह्वामूलीयौ ।**

३५. **≍प ≍फ उपध्मानीयौ ।**

३६. **अचः स्वराः ।**

३७. **पदान्तस्य दः ।**

३८. **प्रि १ द्वि २ त्रि ३ चि ४ पि ५ षि ६ प्ति ७ विभक्तीनां सप्तानां संज्ञा ।**

३९. **सम्बोधनस्य धिः ।**

४०. **निपातस्य नि**[3] **।**

अन्यत् यथास्थानम्। एचां न ह्रः। लृ न दी।

।। इति संज्ञाप्रकरणम् ।।

---

३. इदं सूत्रं केवलं A पुस्तके दृश्यते ।

॥ अथ सन्धिप्रकरणम् ॥

४१. **एकः पूर्वपरयोः ।**

अधिकारसूत्रम् ।

॥ समेऽचि सन्धिः ॥

४२. **अकोऽकि दी. ।**

दीर्घरूप एकादेशः । कृष्ण+अत्र कृष्णात्र । गंगा+आदिः गंगादिः । श्री+ईशः श्रीशः । भानु+उदयः भानूदयः ॥ पितृ+ऋणम् पितॄणम् । होतृ लृकारः लृ न दीर्घः। ऋ लृ समम् । तेन होतॄकारः ।

॥ इति समेऽचि सन्धिः ॥

॥ विरूपेऽचि सन्धिः ॥

४३. **इचां यणयवायावोऽचि ।**

स्थाने बोध्यम् ।

यथा इ उ ऋ लृ ए ओ ऐ औ स्थाने क्रमशः य् १ व् २ र् ३ ल् ४ अय् ५ अव् ६ आय् ७ आव् ८ । इ > य्, उ > व्, ऋ > र्, लृ > ल्, ए > अय्, ओ > अव्, ऐ > आय्, औ > आव् । सुधी+उपास्यः। इस्थाने य् सुध्य् उपास्यः इति जाते ।

४४. **वाऽज्रहेभ्यो यरो द्विर्हल्यन्ते च ।**

धस्य द्वित्वम् । सुध्ध् य् उपास्यः ।

४५. **झलां जश् झश्यन्ते च ।**

इति पूर्वधस्य दः ।

४६. **योगान्तस्य लोपो रात्सस्यैव ।**

इति यलोपे प्राप्ते ।

४७. **यणां न लोपः ।**

अज्झीनं परेण योज्यम् । सुद्ध्युपास्यः ॥१॥ मधु+अरिः मध्वरिः ॥२॥ धातृ+अंशः धात्रंशः ॥३॥ लृ+आकृतिः लाकृतिः ॥४॥ ने+अनम् नयनम् ॥५॥ भो+अति भवति ॥६॥ नै+अकः नायकः ॥७॥ पौ+अकः पावकः ॥८॥

४८. **अवावौ यत्येऽध्वमाने च ।**

ओ औ स्थाने अव् आव् ।

यथा गो+यम् गव्यम् । नौ+यम् नाव्यम् । अध्वमाने गो+यूतिः गव्यूतिः क्रोशयुगम्।

४९. **धोस्तन्निमित्तैचः ।**

अव् आव् । धोः तत् निमित्तैचः । यथा लो+यम् लव्यम् । लौ+यम् लाव्यम् लूधातोः यत्यनिमित्ते गु व्रि । नान्यस्य । यथा तोयम् । तन्निमित्तैचः किम् । ओयते, औयत ।

५०. **क्षय्यजय्यक्रय्याः शक्यविक्रीत्यर्थे ।**

क्षेतुं शक्यं क्षय्यम्, जेतुं शक्यं जय्यम् । विक्रीत्यर्थे हट्टे धृतं क्रय्यम् । शक्यादि किम्–जेतुं योग्यं जेयं मनः । क्षेतुं योग्यं क्षेयं पापम् । क्रेयमन्यत् ।

५१. **दान्त[४]–यवोर्लोपश् वाऽशि ।**

लोपश् । ते+आगताः । तय् आगताः । य लोपश् सन्ध्यभावः । त आगताः तयागताः । वा सर्वत्रैवम् । विष्णो इह विष्णविह, इह वलोपश् विष्ण इह । विष्णविह वा । लक्ष्म्यै अर्थः लक्ष्मायर्थः लक्ष्मा अर्थः । तौ+इह ताव् इह ता इह ताविह ।

५२. **अवर्णाद् इकि गुरेचि व्रिः ।**

उप+इन्द्रः इकि परे गुणः उपेन्द्रः । रमा+ईशः रमेशः । आत् तकारेण (११ सूत्रे) चतुर्मात्राणां स्थाने द्विमात्र एव एकारः । गंगा+उदकम् गंगोदकम् । कृष्ण+ऋद्धिः कृष्णर्द्धिः । तव+लृकारः तवल्कारः । एचि व्रि वृद्धिः । कृष्ण+एकत्वम् कृष्णैकत्वम् । गंगा+ओघः गंगौघः। देव+ऐश्वर्यम् देवैश्वर्यम् । कृष्ण+ औत्कण्ठ्यम् कृष्णौत्कण्ठ्यम्।

५३. **एजादीणेधोठ्सु व्रिः ।**

एच् आदि इण् एध् ऊठ्सु अवर्णात् व्रिः एकादेशः । उप+एति । अत्र एकादेशः व्रिः । उपैति । उप+एधते उपैधते । प्रष्ठ+ऊहः प्रष्ठौहः । गुपूर्वरूपयोरभावः। एजादि इण् किम् । उप+इतः उपेतः। मा भवान् प्र+इदिधत् प्रेदिधत् । अत्र इकारादित्वान्न व्रि. ।

५४. **स्वाऽक्षाभ्यामीरीरिण्यूहिनीषु ।**

व्रि. अनु. । स्व+ईरम् स्वैरम् । स्व+ईरिणी स्वैरिणी । अक्ष+ऊहिनी अक्षौहिणी । णत्वम् ।

५५. **प्रादूह ऊढ ऊढी एष एष्येषु ।**

प्र+ऊहः प्रौहः । प्र+ऊढः प्रौढः । प्र+ऊढिः प्रौढिः । प्र+एषः प्रैषः । प्र+एष्यः प्रैष्यः । पररूपापवादः ।

---

४. दान्त= पदान्त इत्यर्थः । ed.

५६. **प्र १ वत्सतर २ कम्बल ३ वसन ४ ऋण ५ दश ६ भ्य ऋणे ।**

व्रिः । गुणापवादः । प्र+ऋणम् प्रार्णम् । वत्सतर+ऋणम् वत्सतरार्णम् । कम्बल+ऋणम् कम्बलार्णम् । वसन+ऋणम् वसनार्णम् । ऋण+ऋणम् ऋणार्णम्। दश+ऋणम् दशार्णम् ।

५७. **सर्गादृति व्रिः सुब्धौ वा ।**

सर्गात् ऋति वृद्धिः सुब्धौ वा अवर्णान्तोपसर्गात् । उप+ऋच्छति उपार्च्छति । प्र+ऋतीयते प्रार्तीयते । सुब्धौ वा । प्र+ऋषभीयति प्रार्षभीयति । वा प्रर्षभीयति। गुणः । प्र+लृकारयति प्राल्कारयति । प्रल्कारयति । ऋ लृ समम् । तपरत्वात् न दीर्घः । प्र+ॠकारयति प्रर्कारीयति । गुण एव ।

५८. **एङि पररूपं च ।**

एङादिधौ परे पररूपम् सुब्धातौ वा । प्र+एजते प्रेजते । उप+ओषति उपोषति । सुब्धौ । उप+एडकीयति उपैडकीयति । उपेडकीयति । गुरेव ।

५९. **एवे चानिश्चये ।**

पररूपम् । अतः अनु. । क्व+एव क्वेव । अनिश्चये किम् तवैव भोक्ष्यते ।

६०. **शकन्ध्वादौ टेः ।**

पररूपम् । टि संज्ञा (सू.२०)। शक+अन्धुः शकन्धुः । कर्क+अन्धुः कर्कन्धुः । कुल+अटा कुलटा । केशपाशे सीम+अन्तः सीमन्तः । अन्यत्र सीमान्तः । सार+अंगः सारंगः पशुपक्षिणोः । अन्यत्र सारांगः । मनस् ईषा । अत्र अस् इत्यस्य टि संज्ञा ततः पररूपम् । मनीषा । आकृतिगणोऽयम् । यथा–मार्त + अण्डः मार्तण्डः। पतत्+अञ्जलिः पतञ्जलिः ।

६१. **वौत्वोष्ठयोरसे ।**

वा ओतु ओष्ठयोः असे । असमासे । पररूपं वा । स्थूल+ओतुः स्थूलोतुः स्थूलौतुः वा । बिम्ब+ओष्ठः बिम्बोष्ठः बिम्बौष्ठः वा । असमासे किं तवौष्ठः।

६२. **ओमाङोश्च ।**

पररूपम् । शिवाय+ओं नमः । शिवायों नमः । शिव+आङ् इहि शिवेहि पररूपम् । पूर्वम् आ इ अनयोर्गुः ए । ततः पररूपम् शिवेहि ।

६३. **अनेकाचोऽव्यक्तानुकणस्यात इतौ ।**

पररूपम् टेः । पटत्+इति पटिति । अनेकाच् किम् । श्रत्+इति श्रदिति ।

६४. **नाऽद्विरुक्तस्यान्त्यस्य तु वा ।**

न अद्विरुक्तस्य अन्त्यस्य तु वा पररूपम् । पटत् पटत्+इति । पटत् पटेति । पटत् पटदिति वा । इति पररूपम् ।

६५. **दान्तैङोरति पूर्वरूपम् ।**

हरे अव हरेऽव । विष्णो अव विष्णोऽव ।

॥ इति विरूपेऽचि सन्धिः ॥

॥ अथ प्रकृतिभावोऽसन्धिः ॥

६६. **वेदे लोके एङन्तगोर्वाऽसन्धिः ।**

अति परे अनु. । गो अग्रम् गोऽग्रम् । एङन्तस्य किम्– चित्रगु+अग्रम् चित्रग्वग्रम् ।

६७. **गोरवङिन्द्राग्राक्षेषु ।**

अवङ् आदेशः । ङित्त्वात् अन्त्यौकारस्य । गो+इन्द्रः अवङ्गुणौ, गवेन्द्रः । गो+अग्रम् गवाग्रम् । गो+अक्षः गवाक्षः ।

६८. **इकोऽसमेऽचि ह्रो वाऽसेऽसिति ।**

असन्धिर्दान्ते अनु. । चक्री+अत्र । असमे अकारे परे इ ह्रस्वः । ह्रस्वत्वान्न सन्धिः। पक्षे चक्र्यत्र । असमे किम् । चक्री इव चक्रीव । अत्र दीर्घः । असमासे किम् । वापी अश्वः वाप्यश्वः । समासत्वात् । असिति किम् । पर्शूणां समूहः अत्र णस् त्यः । वृद्धिः पार्श्वम्। पर्शु अत्र भसंज्ञया गुणाभावः ।

६९. **ऋत्यकः ।**

ह्रो वाऽकः ऋति परे । ब्रह्मा+ऋषिः ब्रह्म ऋषिः । ब्रह्मर्षिः । वा गुः । दान्ते प्र आ ऋच्छत् । प्रार्च्छत् ।

॥ प्लुतेऽसन्धिः ॥

७०. **वाक्यस्य टेः प्लुरुदात्तश्च ।**

अधिकारः सर्वत्र ।

७१. **दूराद् हूते प्रतिनमनेऽस्त्रीशूद्रयोः ।**

टेः प्लुः । हे कृष्ण३+अत्र गौश्चरति । अत्र प्लुते दीर्घाभावः । हे शिव३ अत्रेहि। प्रतिनमनं नमस्कारान्ते आशीर्वाददानम् । आयुष्मान् भव रघुनन्दन शर्म३न् ! स्त्रीशूद्रयोः न प्लुः । यथा अभिवादयेऽहं भो गार्गी, रामदासः च प्रतिनमने । अत्र आयुष्मती भव गार्गि, रामदास ! अत्र प्लुताभावः। यत्र नामगोत्रोच्चारणपूर्वकोऽभिवादः, तत्रैव टेः प्लुः ।

७२. **भोराजन्यविशां वा ।**

आयुष्मान् एधि भो इन्द्र३! भो इन्द्रवर्म३न् वा समाधिगुप्त३ ! गुप्त वा !

७३. **अदसो माद् द्विवचने च य्वे ।**

ई ऊ ए असन्धिः । अदसो मकारात्– अमी अश्वाः । अमू आसाते । द्विवचने हरी आस्ताम् । भानू इतः । माले आनय ।

७४. **अजोदन्ताऽनाङ् नि प्लुश्च न सन्धेयाः ।**

आङ् तु वाक्यस्मरणयोरङित् । आ एवं मन्यसे । आ एवं किल तत् । अत्र ङित् । आङ् ईषदर्थे आ+उष्णम् ओष्णम् । गुणः । अ अपेहि, उ उमेशः । इ इन्द्रं पश्य। केवलाचां न सन्धिः । ओत् । अहो ईशाः ।

॥ इति प्रकृतिभावः ॥

॥ अथ हल्सन्धिः ॥

७५. **स्तो श्चुष्टुभ्यां श्चुष्टू ।**

सकारतवर्गौ श्चुयोगे शकारचवर्गौ स्तः । ष्टुयोगे षकारटवर्गौ च । सत्+चित् सच्चित् । कस्+चरति कश्चरति । शार्गिन्+जय शार्गिञ्जय । तत्+टीका तट्टीका । पेष्+ता पेष्टा । चक्रिन्+ ढौकसे चक्रिण्ढौकसे ।

७६. **न शदान्तटुभ्याम्**[५] **।**

स्तोः श्चुष्टू । विश्+नः विश्नः । प्रश्+नः प्रश्नः न णत्वम् । षट् सन्तः । षट् ते । अत्र न षटवर्गौ ।

७७. **षण्णां षण्णवति षण्णगर्यो निपात्याः ।**

७८. **तोःषि ।**

न ष्टुत्वम् अनु. । भवान् षष्ठः । अत्र नो णत्वाभावः । झलां जश् झश्यन्ते च। पूर्वोक्तम् (सू.४५) । षट्+अत्र षडत्र । चित्+रूपम् चिद्रूपम् ।

७९. **ञमि ञम् वा त्ये नित्यम् ।**

झलाम् अनु. । एतत्+मुरारिः एतन्मुरारिः एतद्मुरारिः । न वा । तत्+मात्रम् तन्मात्रम्। चित्+मयम् चिन्मयम् । मयट् मात्रच् प्रत्ययौ ।

८०. **तोर्लि लः ।**

भवान्+लिखति भवाँल्लिखति । लस्य नस्यो लः । तद्+लयः तल्लयः ।

८१. **उदः स्थास्तम्भोः सलोपः ।**

उद्+स्थानम् । सलोपः । उद् थानम् ।

---

५. शदान्त= श–पदान्त इत्यर्थः । ed.

८२. **खरि चरोऽन्त्ये वा ।**

झलां अनु.। उद् > उत् उत्थानम् । उद्+स्तम्भनम् सलोपे उद्+तम्भनम् उत्तम्भनम्।

८३. **झयः शहोः छझषौ वाऽमि ।**

झयः परयोः शहोः छझषौ । तत्+शिवः तच्छिवः तद् शिवः । तत्+श्लोकेन तच्छ्लोकेन । वाक्+हरिः वाग्घरिः । वर्ग्यो वर्गेण साम्यात् । वाग्हरिः । अप्+हरिः अब्भरिः । तत्+हरिः तद्धरिः । चट्+हानिः चड्ढानिः । अच्+हलि अज्झलि । हस्थाने घ झ ढ ध भ ।

८४. **असम्राज् मो बिन्दुः ।**

हलि अनु. । हरिम्+वन्दे हरिं वन्दे । असम्राज् किं सम्राट् ।

८५. **अदान्तम्नोर्झलि ।**

बिन्दुः अनु. । यशान्+सि यशांसि । पुम्+भ्याम् पुंभ्याम् ।

८६. **विन्दोर्मोऽचि ययि यमो दान्ते तु वा ।**

य व ल ञ म ङ ण नः इति वर्ग्य एव यम् । शां+तः शान्तः । अं+कितः अङ्कितः । पं+डितः पण्डितः । सं+मतः सम्मतः । किं+चित् किञ्चित् । दान्ते तु वा त्वं+करोषि त्वङ्करोषि, त्वं करोषि । सं+यन्तः संय्यन्तः । सं+वत्सरः संव्वत्सरः । यं+लोकम् यंल्लोकम् । सं+ईशः समीशः ।

८७. **मन्यवलपरे हे मन्यवला वा ।**

बिन्दोः अनु. । किं ह्मलयति किम्ह्मलयति । किं ह्नुते किन्ह्नुते । किं ह्वलयति किव्ं ह्वलयति । किं ह्यः कियं् ह्यः । किं ह्लादयति किलं् ह्लादयति ।

८८. **टनभ्यां सि धुट् ।**

दान्ताभ्याम् वा ।

८९. **आद्यन्तौ टकितौ ।**[६]

टित् आदौ । कित् अन्ते । सन् सः । सन् त्सः । खरि चर्त्वम् । षट् सन्तः षट्त्सन्तः । लिट् सु लिट्त्सु ।

९०. **शरि ङ्णोः कुक् खुक् टुक् ठुक् ।**

वा अनु. । प्राङ् षष्ठः । क्रमशः प्राङ् क् षष्ठः, (प्राङ्क्षष्ठः), प्राङ् षष्ठः, प्राङ्ख् षष्ठः ।

---

६. पुनरुक्तमिदं सूत्रम् । द्रष्टव्यं सूत्रम् २४ । ed.

९१. **कषसंयोगे क्षः ।**

१ सुगण् षष्ठः । २ सुगण्ट् षष्ठः । ३ सुगण्ठ् षष्ठः ।

९२. **शि चक्**[७] **।**

नान्तदान्ताद् वा । सन्+शम्भुः सञ्च्छम्भुः ।

९३. **झरो झरि सवर्णे ।**

वा लोपः। सञ् छम्भुः सञ् शम्भुः ।

९४. **ह्राद् ङ्मोऽचि ।**

द्वित्वम् अनु. । प्रत्यङ् आत्मा प्रत्यङ्ङात्मा । सुगण् इह सुगण्णीह । सन् अच्युतः सन्नच्युतः ।

९५. **अप्लु मा ऽ ऽ ङ् भ्यः छो दान्तदीर्घाद् वा ।**

द्वित्वम् । मा छादयति माच्छादयति । आछादयति । आच्छादयति तव छत्रम् तवच्छत्रम् । सुराछाया सुराच्छाया । दान्तदीर्घाद् वा । लक्ष्मीछाया लक्ष्मीच्छाया । छद्वित्वे छस्य चः ।

९६. **समो रुस्सुटि पूर्वस्य नस्यम् ।**

पक्षेऽर्धचन्द्रिका बिन्दुर्वा ।

९७. **समो वा लोपः ।**

सम् कर्ता संस्कर्ता । सँस्कर्ता । संस्कर्ता । संस्स्कर्ता । झरो झरि सवर्णे लोपः ।

९८. **सं पुं कानां सः ।**

विसर्गस्य सः ।

९९. **पुमोऽख्ये खय्यम्परे ।**

पुंस् कोकिलः पुंस्कोकिलः पुँस्कोकिलः । अख्येति किम् पुंख्यानम् ।

१००. **स्रोर्विः ।**

स्रोः विसर्गः खरन्तयोः परयोः च ।

१०१. **अप्रशान् नः छवि ।**

रुत्वम्। राजन्+चित्रम् राजँश्चित्रम् राजंष्ठिचत्रम् । अप्रशान् किम्- प्रशान् तनोति।

१०२. **नॄन् पे ।**

नस्य रुः । नॄन्+पाहि । नॄंः पाहि । नॄँः पाहि । नॄं ⤫ पाहि । नॄँः ⤫ पाहि ।

१०३. **कान् द्विरुक्ते ।**

कान्+कान् । काँस्कान् । कांस्कान् ।

---

७. सूत्रमिदं मलयगिरिप्रणीते शब्दानुशासने (पृ.२४) यथावद् दृश्यते । ed.

१०४. **कस्कादयो नित्यसिद्धाः।**[८]

कस्कः। कौतस्कुतः। सर्पिष्कुण्डिका। धनुष्कपालम्। आकृतिगणोऽयम्।

१०५. **वेः सोऽशरन्ते।**

खरि अनु.। विष्णुः+त्राता विष्णुस्त्राता। अशरन्ते खरि किम् कः त्सरु। घनाघनः क्षोभणः। अत्र विसर्गस्य न सः।

१०६. **शरि वा।**

वेः सः। कः शेते, कश्शेते। कः षण्ढः, कष्षण्ढः। कः साधुः, कस्साधुः।

१०७. **खर्परे शरि लोपो वा।**

रामः स्थाता, राम स्थाता। हरिः स्फुरति, हरि स्फुरति[९]।

१०८. **कुप्वोः ≍क ≍पौ च।**

वेः अनु०। कः करोति, क ≍ करोति। कः पचति, क ≍ पचति। कः खनति, क ≍ खनति। कः फलति, क ≍ फलति। पक्षे विसर्गः। पयस्पाशम्। पयस्कम्। पयस्कल्पम्। पयस्काम्यति। प्रातः काम्यति। प्रातः कमनीयम्। गोः काम्यति। नित्याः। कस्कादिराकृतिगणः।

१०९. **इदुदिण्भ्योऽन्त्यस्य सः षः।**

कुप्वोः परयोः। इण् प्रत्याहारः। केवलानां षः। निष्प्रत्यूहम्। आविष्कृतम्। दुष्कृतम्।

११०. **नमस्पुरसगत्योरेव।**

स एव। नमस्करोति। पुरस्करोति। मुहुःकामाः। तिरःकरोति, तिरस्करोति। द्विस्करोति द्विःकरोति। त्रिष्करोति त्रिःकरोति। चतुष्करोति चतुःकरोति। धनुः करोति धनुष्करोति। सर्पिष्करोति सर्पिःकरोति। केवलयोः इस् उस् एतयोः षत्वम् सर्पिष्कुण्डिका। धनुष्कपालम्। केवलानां किम्- परमसर्पिःकुण्डिका। अत्र न षत्वम्।

१११. **अनव्ययस्यातः ककमिकंसकुम्भकुशाकर्णीषु।**

सत्वम्। अयस्करः। अयस्कामः। अयस्कंसः। अयस्कुम्भः। अयस्पात्रम्। अयस्कुशा। अयस्कर्णी। अनव्ययस्य किम् स्वःकामः। अतः किम् गीःकारः। अत्र न वेः षः। समासे अधस्पदम्। शिरस्पदम्। असमासे–अधःपदम्। शिरःपदम्।

---

८. तुलना कार्या मलयगिरिशब्दानुशासनम् (पृ. २८)। ed.

९. पक्षे विसर्गे सत्वे च त्रैरूप्यम् इति सिद्धान्तकौमुदी। ed.

११२. **भो भगो अघो अवर्णात् ।**

वे: लोपश् अशि इत्यनु०। भोस् भगोस् अघोस् एते निपाता:। भो:+देवा: भो देवा:! भगो:+गच्छ भगो गच्छ । अघो: याहि अघो याहि । वाता: वान्ति वाता वान्ति ।

११३. **अप्लुवत उर्हशप्लुवतो: ।**

अप्लु अत: उ: हश् अप्लु अतो: । वे: अनु०। विसर्गस्य उ: । शिव:+अर्च्य: (५२ सूत्रेण गुण:) । शिवोऽर्च्य: । दान्तैङोरति (सू. ६५) इति पूर्वरूपम् । कृष्ण:+वन्द्य: कृष्णो वन्द्य:। अप्लुत: किम् एहि सुस्रोत३ अत्र स्नाहि । अप्लुतेऽति किम् तिष्ठतु पय: अ३ग्निदत्त । अत्र विसर्गस्य न उत्वम् ।

११४. **इचो र: ।**

वे: अशि अनु.। विसर्गस्य रु: अशि । हरि: अस्ति हरिरस्ति ।

११५. **रजस्य[१०] च ।**

वे: र: अशि अनु. । प्रातर् अत्र प्रातरत्र प्रात: अत्र ।

११६. **खयि वा ।**

रजस्य वे: रो वा खयि परे । गी: काम्यति गीर्काम्यति गीष्काम्यति ।

११७. **यो वाऽचि ।**

अत: वे: अनु. । देवा: इह, देवायिह, देवा इह । ५१ सूत्रेण यलोप: ।

११८. **अह्नो रूपरात्रिरथन्तराऽसुप्सु ।**

नस्य उ: । अहन्+रूपम् अहो रूपम् । अहन्+रथन्तरम् अहोरथन्तरम् । असुप् किम्–अहोभ्याम् ।

११९. **अहन्गिर्धुरां गणपतिपुत्रेषु ।**

अन्त्यस्य र: । अहन्+गण: अहर्गण: । गीर् पति: गीष्पति: गीर्पति: गी ≍ पति: गी: पति: । धू: पुत्र: धूष्पुत्र: धू ≍ पुत्र: धू:पुत्र: ।

१२०. **ढ्रो ढ्रि लोप: पूर्वाऽणो दी ।**

रढयोर्लोप: रढो:परयो:, पूर्वाऽणश्च दीर्घ: । उढ् ढ: ऊढ: । हरिर् रम्य: हरी रम्य:। वे: र:, लोपदीर्घौ । पुनर् रमते पुना रमते । शम्भुर् राजते शम्भू राजते। अण: किम् – तृढ:, वृढ: ।

१२१. **सैषाद्धलि[११] ।**

सशब्दादेषशब्दाच्च सोर्लोप:। स: गच्छति स गच्छति । एष: गच्छति एष गच्छति।

---

१०. रजस्य = रेफजातस्य इत्यर्थ: । ed.

११. 'सैषाद्धसे' इति सारस्वतव्याकरणम् (पृ. ६४)। ed.

१२२. **सोरचि पादपूर्त्तौ ।**

पादपूर्त्तौ सत्यां सशब्दात्सोर्लोपः ।

सैष दाशरथी रामः सैष भीमो महाबलः।
सैष कर्णो महात्यागी सैष ब्रह्मा चतुर्मुखः।।

।। इति सन्धिप्रकरणम् ।।

॥ अथ षड्लिङ्गाः कथ्यन्ते ॥

॥ अजन्ताः पुँल्लिङ्गाः ॥

१२३. **अक्त्यन्तं नाम ।**

सुप्तिङ्रहितं नामसंज्ञम् । नामसंज्ञायाम् ।

१२४. **नाम्नः सु औ जस् १, अम् औट् शस् २, टा भ्याम् भिस् ३, ङे भ्याम् भ्यस् ४, ङसि भ्याम् भ्यस् ५, ङस् ओस् आम् ६, ङि ओस् सुप् ७**[12] **।**

अकारान्तो रामशब्दः। राम नामसंज्ञा तत एकत्वकथने[13] सप्त विभक्तीनां प्रत्येकस्याः एक-द्वि-बहुवचनानि क्रमशो भवन्ति ।

१२५. **ज् ट् श् ङ् पः सुङसिङस्ङीनाम् उकारेकारौ इतः तेषां लोपश्च ।**

राम स् इति । स्रोर्विः (सू०१००) खरि अन्ते च । रामः । रामद्वित्वकथने राम औ । वृद्धिः रामौ । रामबहुत्वकथने राम जस् । ज इत्लोपौ । अकोऽकि (४२) सूत्रेण दीर्घः । सो विसर्गः रामाः । राम अम् ।

१२६. **अणोऽम्येङो ङसिङसोश्च**[14] **।**

अपूर्वरूपम्। रामम्। राम औट्। ट इत्लोपौ वृद्धिः रामौ। राम शस्। श इत्लोपौ।

१२७. **अकः शसि पूर्वसवर्णदीर्घो घेरौटि ।**

राम अस् । दीर्घः । रामास् ।

१२८. **सो नः पुंसि ।**

रामान्[15] । राम टा इति ।

१२९. **अतः टा भिस् ङे ङसि ङस् ओसां इन ऐस् य आत् स्य योसः ।**

आदेशाः स्युः क्रमशः । रामेन ।

१३०. **पदैक्येऽनन्ते षुर्नो णोऽट्कुप्वन्तरेऽपि ।**

नस्य णः । रामेण । राम भ्याम् ।

१३१. **आ क्ति यत्रि ।**

---

१२. नामसंज्ञायाः सप्त विभक्तयः स्युः क्रमात्- इत्यधिकः पाठः। BD
BD पुस्तकयोः 'नाम्नः' इत्येव सूत्रपाठः । ed.

१३. एकरामकथने सु । राम सु- इत्यधिकः पाठः। BD

१४. अणेङ्भ्याम् अम्ङसिङस्सु । BD

१५. शसः संस्थाने न । B शसः स एव । D सो न पुंसः-इति सारस्वतसूत्रम् (पृ.७२)। ed.

अतः क्ति यञ्परे अ आ । रामाभ्याम् । राम भिस् । भिसः स्थाने ऐस् । व्रि रामैः । राम ङे । ङेः य । राम य ।

१३२. **आदेशः स्थानिवत् न तु स्थान्येकाक्षरस्यादेशः।**

अत्र सम्पूर्ण–ङे–स्थाने यः तत्तुल्य एव । दीर्घः । रामाय । रामाभ्याम् । राम भ्यस् ।

१३३. **ए बहुत्वे स्भि**[१६] **।**

अत्स्थाने । रामेभ्यः । राम ङसि । आत्, रामात्–रामाद् जश्त्वचर्त्वे रामाभ्याम् रामेभ्यः । पूर्ववत् । राम ङस् स्य च । रामस्य । राम ओस् । ओसः योस् । रामयोः। राम आम् ।

१३४. **आमो नाम् ह्रढ्यापुसंख्यार्ष्णः**[१७]**।**

अचः परस्य आमो नाम् ह्र–ढि–आप्–संख्यावाचक–र–ष्–न् अन्तात् च । राम नाम् ।

१३५. **अतिसृ–चतसृ नामि नृ वा ।**

दीर्घः । णत्वम् (सू॰१३०) । रामाणाम् । राम ङि । ङ इल्लोपौ । गुणः । रामे । रामयोः पूर्ववत् । राम सु । अत ए (सू॰१३३)। रामेसु ।

१३६. **इण्कोरनन्तेऽसात् कृतः सः षः नुम्शर्व्यन्तरेऽपि साढ–शासि–घसि–वसीनां च ।**

सः षः नुम्शर्विसर्गाणां व्यवधानेऽपि । रामेषु । सम्बोधने ।

१३७. **आह्वाने सोर्धिः ।**

हे आदीनां प्राक्प्रयोगः । हे राम धि ।

१३८. **ह्रैङ्भ्यां धेः ।**

ह्रस्वाद् एओपरात् धेर्लोपः । हे राम ! हे रामौ ! हे रामाः ! एवमदन्ताः पुँल्लिङ्गशब्दाः । लाज अक्षत दार शब्दाः बत्वन्ताः[१८] ।

१३९. **सर्वादेः स्रिः ।**

संज्ञा । सर्व विश्व उभ उभय डतर डतम अन्य अन्यतर इतर त्वत् त्व नेम सम सिम पूर्व पर अवर दक्षिण उत्तर अपर अधर दिगर्थेऽनाम्नि । आत्माऽऽत्मीये स्व । परिधाने बहिर्योगे चान्तरा त्यद् तद् यद् एतद् इदम् अदस् एक द्वि युष्मद् अस्मद् किम् भवतु । एते ३५ पंचत्रिंशत्–संख्यकाः सर्वादयः तेषां स्रि संज्ञा । सर्वः सर्वौ । सर्व जस्। सर्व अस् ।

---

१६. ए स्भि बहुत्वे–इति सारस्वतसूत्रम् (पृ.७४) । ed.

१७. ह्रस्वाऽऽपश्च। (1.4.32) संख्यानां र्ष्णाम्। (1.4.33) इति हेमशब्दानुशासनस्य सूत्रद्वयम्।

१८. बहुवचनान्ताः पुंसि–इत्यर्थः । ed. सर्वादिगणः तस्य स्रिसंज्ञा– इत्यधिकः पाठः । B

१४०. **सूयतः जस् ङे ङसि आम् ङीनां शी स्मै स्मात् साम् स्मिनः ।**
आदेशाः स्युः यथाक्रमम् । सर्व शी । श इत्लोपगुणाः । सर्वे सर्वम् सर्वौ सर्वान्। सर्वेण सर्वाभ्याम् सर्वैः । सर्व ङे । स्मै सर्वस्मै सर्वाभ्याम् सर्वेभ्यः । सर्व ङसि। स्मात् सर्वस्मात् । सर्वाभ्याम् । सर्वेभ्यः सर्वस्य सर्वयोः। सर्व आम् । आमः साम् । एत्वषत्वे सर्वेषाम्[19] । सर्व ङि । सर्वस्मिन् । सर्वयोः सर्वेषु[20] । हे सर्व ! एवं विश्वादयोऽप्यदन्ताः । उभ शब्दो द्विवचनान्तः[21] । उभौ २ । उभाभ्याम् ३ । उभयोः २ । सप्त रूपाणि । उभय शब्दस्य द्विवचनाभावः । उभयः उभये । उभयम् । उभयान् । उभयेन । उभयैः । उभयस्मै । उभयेभ्यः। उभयस्मात् । उभयेभ्यः । उभयस्य । उभयेषाम् । उभयस्मिन् । उभयेषु । हे उभय ! हे उभये ! डतर डतम प्रत्ययौ तदन्ताः शब्दा ग्राह्याः । यथा कतरः कतमः एवं अन्य अन्यतर इतर । त्वत् त्वौ वेदे । नेम सम सिम सर्ववत्[22] ।

सर्वादिः सर्वकार्यी स्यात् न चेद् गौणोऽथवाऽभिधा ।
पूर्वादि च व्यवस्थायां समोऽतुल्येऽन्तरोऽपुरि ।
परिधाने बहिर्योगे स्वोऽर्थज्ञात्यन्यवाच्यपि ॥

पूर्वः पूर्वौ पूर्वे । पूर्व जस् ।

१४१. **पूर्वादिभ्यो नवभ्यो जस् ङसिङीनां शी स्मात् स्मिन् वा ।**
पूर्वे पूर्वाः । पूर्वस्मै । पूर्वस्मात् द् । पूर्वस्मिन् पूर्वे । शेषं सर्ववत् ।

१४२. **प्रथमचरमतयाऽल्पार्धकतिपयनेमाश्च जसि वा स्रि ।**
प्रथमे प्रथमाः । चरमे चरमाः । तय प्रत्ययः तदन्ताः शब्दाः। द्वितय । त्रितय । द्वितयाः- ये । त्रितयाः- ये । शेषं रामवत् । नेमाः नेमे । शेषं सर्ववत् ।

१४३. **तीयस्य ङित्सु वा ।**
सर्व-कार्यम् । द्वितीयस्मै द्वितीयाय, द्वितीयस्मात्- द्, द्वितीयाद्-त् । द्वितीयस्मिन् द्वितीये । शेषं रामवत् । एवं तृतीयः[23] । निर्जरः । निर्जर औ ।

१४४. **जराया जरस् वाऽचि ।**
एकदेशविकृतं नान्यवत्[24] । शब्दग्रहणे तस्य तदन्तस्य च । निर्जरसौ । पक्षे निर्जरौ

---

१९. एत्वषत्वविधायकसूत्रयोः (१३३,१३६) संकेतो विद्यते । B

२०. एत्वषत्वे- इत्यधिकः पाठः । B

२१. तस्यात्र पाठ इकच् अर्थः- इत्यधिकः पाठः । B

२२. नेम अर्धात्मकः सम सिम सर्ववाचकौ सर्ववत् । B

२३. एवं तृतीयस्मै तृतीयाय, तृतीयस्मात्-द् तृतीयात्-द्, तृतीयस्मिन् तृतीये। शेषं रामवत् । BD

२४. एकदेशविकृतेन नान्यवत् । C यथा छिन्नपुच्छोऽश्वो न गर्दभः- इत्यधिकः पाठः । B

निर्जरसः निर्जराः निर्जरेण निर्जरसा३ निर्जराभ्याम् । निर्जरैः एकमेव। जरसादेशे स्वरेण सम्मेलनम्।[२५]

१४५. **शप्यचि पादादेः पदादयो वा ।**

पादः पद् शसादावचि । पादः पादौ पादान् । पदः । पादेन । पदा ३ । पद्भ्याम् पद्भिः । मासस्य मास् आदेशः[२६] ।

॥ अथाऽऽदन्ताः ॥

विश्वपाः विश्वपौ विश्वपाः । विश्वपाम् विश्वपौ ।

१४६. **असुटि यचि भं शपि दम् ।**

अपञ्चवचने ये अचि परे भं शसादौ दं संज्ञा ।

१४७. **धोराल्लोपो भे।**

विश्वपः । विश्वपा ३ । विश्वपाभ्याम् । विश्वपाभिः । विश्वपे ४ । धोः किम् हाहान् ।

१४८. **संख्या वि सायेभ्योऽह्नस्याऽहन्वा ङौ[२७] ।**

द्व्यह्नः द्व्यह्नौ रामवत् । ङौ द्व्यह्नि द्व्यह्ने । व्यह्नि व्यह्ने। सायाह्ने सायाह्नि ।

१४९. **अम्वयोगादनोऽल्लोपो भे ङिश्योर्वा[२८] ।**

वा अत् लोपः । सायाहनि सायाह्नि । इदन्तो हरि शब्दः । हरिः । हरि औ । अकः शसि पूर्वरूपदीर्घैकादेशे हरी (सू. १२७) । हरि जस् ।

१५०. **इदुतोर्घ्यसखिः[२९] ।**

घि संज्ञा ।

१५१. **घेर्गु जस्ङित्सु ।**

हरे अस् हरयः । हरिं पूर्वरूपम् । हरी हरीन् ।

१५२. **ऋघ्यदोभ्यां टा नाऽस्त्री[३०] ।**

टा ना णत्वम् । हरिणा हरिभ्याम् हरिभिः । हरये । हरिभ्याम् । हरिभ्यः । हरेः हरेः हर्योः । हरि ङि ।

---

२५. अस्य पाठस्य स्थाने निर्जरशब्दस्य रूपाणि प्राप्यन्ते । BD

२६. मासशब्दस्य रूपाणि प्राप्यन्ते । BD

२७. संख्या-वि-सायेभ्योऽह्नोऽन् वा ङौ । BD

२८. अम्वयोगाद्- मकार-वकार-संयोगरहिताद् इत्यर्थः । ed.

२९. इदुतौ घ्यसखि । इदुतो घ्यसखि । B इदुतोः घ्यसखि । C

३०. ऋकाराद्, घिसंज्ञकाद्, अदस् इति शब्दात् च- इति विवेकः । ed.

१५३. **द्व्याम्नीभ्यो ङेराम् घेश्च डौ ।**

ढि आप् नीभ्यो ङेराम् ङिस्थाने डौ ।

१५४. **डिति टेर्लोपो विंशतेस्त्वडि ।**

डित्त्वात् टेर्लोपः हरौ । हरिषु । इण्को. (सू. १३६) षत्वम् । हे हरे !

१५५. **ह्रस्य गुर्धौ ।**

एवं विधिरिदन्ताः सर्वे पुंसि । सखि शब्दस्य भेदः ।

१५६. **सख्युवर्णोशनस्पुरुदंसनेहोभ्यः सोर्डा**[३१] **।**

सखि सु । सु स्थाने डा, टिलोपः, सखा । सखि औ ।

१५७. **सखितृनोदन्तानां सुटि ।**

व्रि. । सखै । आय् । सखायौ । सखायः । सखायम् । सखायौ सखीन् । सखि टा । यण् सख्या । सखिभ्याम् । सखिभिः । सख्ये सखिभ्याम् । सखि ङसि ।

१५८. **ख्यत्यात् ङसिङसोरुस् ङेश्चौत्**[३२] **।**

सख्युः २ । सखीनाम् । सख्योः २ सख्यौ। सखिषु । हे सखे ! हे सखायौ ! पतिः प्री–द्वीषु हरिवत् ।

१५९. **पतिस्से घिः ।**

पत्या । पत्ये । पत्युः ५ । ६ । पत्यौ ७/१ पत्योः पतिषु । हे पते ! समासे घि संज्ञा । प्रजापतिना । प्रजापतये ४ । प्रजापतेः २ प्रजापतौ ७/१ हे प्रजापते ! एवमग्निः कविः । कति शब्दो बत्वान्तः । कति जस् ।

१६०. **डतिसंख्याष्णों जश्शसोर्लुक् ।**

कति । कतिभिः । कतिभ्यः ४ । ५ । कतीनाम् ६ कतिषु ७ लुकि न तन्निमित्तम् । न गुणादयः । एवं डत्यन्त तति यति इत्यादयः । त्रि बत्वान्तः । त्रयः १ । त्रीन् । त्रिभिः त्रिभ्यः २ । त्रि आम् ।

१६१. **त्रेस्त्रयः ।**

नामि । अनु. त्रयाणाम् । त्रिषु । प्रियत्रिः हरिवत् । आमि प्रियत्रयाणाम् ६/३ । द्वि वत्वान्तो द्वि औ ।

१६२. **त्यदादेष्टेरः क्तौ ।**

द्वौ १ द्वौ २ । द्वाभ्याम् ३ द्वयोः २। परमद्वौ एव [३३] ।

---

३१. ....सनेहसः सोर्डा । B सनेहस्भ्यः सोर्डा । D

३२. खीती खिति ह्रदीभ्यामेव । BD

३३. प्रियद्वि हरिवत्–इत्यधिकः पाठः । BD

१६३. **उडुलोम्नोऽपत्येऽकारः बत्वे**[३४] ।

औडुलोमिः । औडुलोमी । उडुलोमाः[३५] । बहुवचने वृद्ध्यभावाददन्तश्च । औडुलोमिम् उडुलोमान् । अढिसंज्ञानामीदन्तानां वातप्रमीवत् । वातप्रमीः । वातप्रम्यौ वातप्रम्यः । वातप्रमीम् वातप्रमीन् । ङौ तु वातप्रमी । एवं पपीः ।

अमि वातप्रमीं रूपं शसि वातप्रमीन् इति ।
ङौ तु वातप्रमी रूपं शेषं ग्रामणीवत् भवेत्[३६] ॥

ग्रामणीः ग्रामण्यौ ग्रामण्यम् । शसि ग्रामण्यः आमि ग्रामण्याम् ङौ ग्रामण्याम् । हे ग्रामणीः !

१६४. **यू स्त्रीलिङ्गे ढि ।**

ई ऊ अन्तौ ढिसंज्ञौ । बह्व्यः श्रेयस्य एव स्त्रियो यस्य सः बहुश्रेयसी सु ।

१६५. **हल्दीङ्याब्भ्यो हल् ।**

लोपः अनु. । सु लोपः । बहुश्रेयसी बहुश्रेयस्यौ । बहुश्रेयस्यः बहुश्रेयसीन् बहुश्रेयस्या । बहुश्रेयसी ङे ।

१६६. **आप्ढ्योर्याडाटौ ङित्सु ।**

बहुश्रेयसी आ ए । वृद्धियणौ । बहुश्रेयस्यै । बहुश्रेयस्याः बहुश्रेयसीनाम्। बहुश्रेयस्याम् ङेः आम् । बहुश्रेयसीषु ।

१६७. **ढिद्व्यजम्बार्थानां ह्रः धौ ।**

अनु. ह्रस्वः । हे बहुश्रेयसि[३७] ! एवम् अतिलक्ष्मी अङीबन्तान्न सुलोपः । शेषं ढिवत्[३८] ।

१६८. **धुस्त्रीभ्रुवां य्वोरियङुवङौ ।**

अचि । प्रधीः प्रध्यः प्रध्यम् प्रध्यौ प्रध्यः ।

१६९. **अनेकाचोरयोगपूर्वयोरभूसुधियोश्च यण् ।**

य्वोः अनु. । अनेन यण् प्रध्या प्रध्ये प्रधीभ्याम् प्रध्यः । प्रध्यि प्रध्याम् प्रधीषु । हे प्रधीः ! गतिकारकेतरपूर्वस्य यण् नेष्यते । उन्नीः उन्न्यौ । धुना सह योगस्य विशेषणादिह यणेव । उन्न्यम् प्रधीवत् । सुधीः सुधियौ सुधियम् । एवं नीः नियौ,

---

३४. वत्वे क्तौ । BD

३५. निमित्तापाये नैमित्तकस्याप्यपायः। वृद्धेरभावः । BD

३६. सुतमिच्छति सुतीयति क्विपि सुती, सुखमिच्छति सुखी वातप्रमीवत् । ङसिङस्ङीनां भेदः । सुत्युः २ सुख्युः, सुत्यौ सुख्यौ । खी ती दीर्घत्वाद् भेदः – इत्यधिकः पाठः । BD

३७. द्वि अच् किम् ? हे अम्बिके, हे अम्बालिके, हे अम्बाले अत्र न ह्रस्वम्– इत्यधिकः पाठः। BD

३८. शेषं बहुश्रेयसीवत् । एवं नदी । प्रधी शब्दस्य भेदः धुत्वात् –इत्यधिकः पाठः । B

ङौ आमि च नियाम् । शेषं सुधीवत् । हे नीः ! अनेकाचः किं नियौ । अयोगपूर्वस्य किम् यवक्रियौ । शुद्धधियौ परमधियौ ।

।। इतीदन्ताः ।।

शम्भुः शम्भू शम्भवः हरिवत् । घि संज्ञा । वायु भानु विष्णु सर्वे उकारान्ताः । असु बत्वन्तः । असवः असून् असुभिः असुभ्यः असूनाम् । असुषु । हे असवः ! क्रोष्टुशब्दस्य भेदः ।

१७०. **तृन्वत् क्रोष्टुः स्त्रियामधौ सुटि टाद्यचि वा ।**

क्रोष्टु सु । क्रोष्टृ स् । (१५६ सूत्रेण) सु डा डित्त्वाट्टिलोपः । क्रोष्टा । क्रौष्टारौ (१५७ सू॰) वृद्धिः । क्रोष्टारः क्रोष्टारम् । क्रोष्टारौ क्रोष्टून्। क्रोष्टुना तृन्पक्षे क्रोष्ट्रा । क्रोष्टुभ्याम् क्रोष्टुभिः क्रोष्टवे क्रोष्ट्रे । क्रोष्टोः क्रोष्टुः । क्रोष्टूनाम् एकमेव । क्रोष्टरि क्रोष्टौ । क्रोष्ट्रोः क्रोष्ट्वोः । ६/७ । क्रोष्टुषु । हे क्रोष्टो ! क्रोष्टृ ङसि । इत्लोपौ क्रोष्टृ अस् ।

१७१. **ऋत उत् ।**

ङसिङसोरति एकादेशः क्रोष्टुः । स.वि. । तृन्वदभावात् नाम् विशेषः । क्रोष्टूनाम् एकमेव ।

१७२. **ऋतो ङिसुटोः ।**

गुणः क्रोष्टरि क्रोष्टौ । हे क्रोष्टो ! हे क्रोष्टारौ ! रः !

।। ऊदन्तो हूहू शब्दः ।।

हूहूः हूह्वौ हूह्वः अजादौ यण् । हूहूभ्याम् हूहूभिः हूहूषु । हे हूहूः ! अजादौ यण्। अतिचमूः । अतिचम्वौ अतिचमूम् । अतिचमून् । अतिचम्वा । अतिचमूभ्याम् अतिचमूभिः । अतिचम्वै ४ [३९] । अतिचम्वाः । अतिचमूनाम्[४०] हे अतिचमु[४१] ! सुलूः सुल्वौ । खलपूः खलप्वौ ।

१७३. **वर्षा- दृन्- कर- पुनर्- पूर्वभू- अन्दू- दम्भू- जम्बू- कफेलू- कर्कन्धू- दिधिषूणां यण् ।**

दृग्भूकाराभूस्वयंभुवाम् उवङ् । एवं सर्वे दीर्घोदन्ताः ।। ऋकारान्तो धातृ ।

---

३९. ढिसंज्ञा अडागमः- इत्यधिकः पाठः । B

४०. ढिसंज्ञा- इत्यधिकः पाठः । D

४१. ह्रस्वः - पाठः । BD (क) पिता माता नानन्दा ना सव्येष्टृभ्रातृयातरः ।
जमाता दुहिता देवा न तृनन्ता इमे दश ।। A

धाता धातारौ धातारः । धातॄन् । धात्रा । धातृभ्याम् धात्रे ४ धातुः ५/६ । धात्रोः ६/७ । धातॄणाम् । धातरि । धातृषु। हे धातः ! एवं स्वसृ नप्तृ नेष्टृ उद्गातृ त्वष्टृ क्षन्तृ होतृ पोतृ प्रशास्तृ प्रभृतयः ।

मातृ १ पितृ २ नानन्दृ ३ नृ ४ सव्येष्टृ ५ भ्रातृ ६ यातृ ७ च ।

जामातृ ८ दुहितृ ९ देवृ १० न तृनन्ता इमे दश[४२] **॥**

सर्वे पितृवत् । पिता पितरौ पितरः पितरम् । पितॄन् पित्रा पितृभ्याम्३ । पित्रे४ । पितुः ५/६ पित्रोः २ पितॄणाम् पितरि पितृषु । हे पितः ! ना नरौ नरः । नॄन् २ । न्रा ३ । न्रे ४ । नुः ५/६ । नृणाम् नॄणां वा नरि नृषु । हे नः ! एवम् ऋदन्ताः[४३] । ॠदन्ताः । तॄ । तीः । तिरौ तिरः। तिरः २ । तिरा ३ । तीर्भ्याम् तीर्भिः तिरे ४ तिरः ५/६ । तिराम् । तिरि। तीर्षु । हे तीः ! गम्लृ प्रकृतिवत् अनुकृतिः । सोर्डा (सू॰ १५६) गम्ला गम्लरौ गम्लरः । शक्लृ । शक्ला शक्लौ शक्लः शक्लम् । ङसिङसोः गमुल् । शकुल् । एवं लृदन्ताः । स्मृता ई लक्ष्मीर्येन स स्मृतेः । स्मृतयौ स्मृतयः । सेः[४४] सयौ एवमचि परेऽयादेशः । एवमेदन्ताः । ऐ= विद्या स्मृता येन स स्मृतैः । स्मृतायौ । आयादेशोऽचि परे । ओदन्तो गोशब्दः । सखितृनोदन्तानां सुटि (सू.१५७) । वृद्धिः । गौः गावौ गावः ।

१७४. **औतोऽम्शसोः ।**

आ ओतः अम्शसोः ७/२ । गाम् । गाः । गवा ३ गोभ्याम् गोभिः गवे ४ गोः ५/६ । गवाम् । गवि । गोषु । हे गौः ! स्मृतो गोवत् । सुद्यो गोवत् । सुरै शब्दस्य भेदः । सुराः ।

१७५. **रै रा हलि ।**

सुरायौ सुरायः । सुराभ्याम् । सुराभिः सुराये ४ सुरासु । अजादौ आय् । हलादौ रा । औदन्तः । ग्लौः ग्लावौ ग्लावः । ग्लावम् । ग्लावा ३ । ग्लावे ४ । ग्लौषु ७ । हे ग्लौः !

॥ इति अजन्तपुँल्लिङ्गाः ॥

॥ अजन्ताः स्त्रीलिङ्गाः प्रदर्श्यन्ते ॥

रमा सु । हल्ङ्याब्भ्यो हल् । (सू. १३५) सोर्लोपः रमा । रमा औ ।

---

४२. क । कीः किरौ र्वोरुपधाया इको दी (सू.) इत्यनेन दी । कम् कन् क्रा क्रे क्रः २ क्रि ७ । कीर्षु । प्रकृतिवदनुकरणं वा पक्षे कः क्रौ क्रः कम्-इत्यधिकः पाठः । A

४३. गम्लृ शक्लृ अनुकरणे गमा शका ऋलृसमत्वात् सोर्डा । गुणे गमलौ शकलौ । शसि गमॄन् । A

४४. अः= विष्णुः । तस्यापत्यम् इः । अत इञ् । यस्येति च इत्यलोपः । इः । इना सह= सेः । ed.

१७६. **क्लीबाऽऽब्भ्यामौ शी ।**

रमे । रमाः । रमाम् । रमे रमाः २ । रमा टा ।

१७७. **आप ए धिटौस्सु ।**

रमया रमाभिः रमायै । आप्ङ्योर्याडाटौ ङित्सु (सू. १६६) । याट् । वृद्धिः । रमाभ्याम् रमायाः २ रमयोः २ रमाणाम् रमायाम् रमासु । हे रमे ! हे रमे ! हे रमाः ! आप ए । धेः लोपः ह्रैङ्०... (सू. १३८) । एवं गङ्गा माला लता यमुना खट्वादयः । वर्षा शब्दो बत्वान्तः । वर्षाः १/२ वर्षाभिः ३ वर्षाभ्यः ४/५ । वर्षाणाम् वर्षासु । सर्वा सर्वे सर्वाः । सर्वाम् सर्वाः सर्वया ३ सर्वाभिः । सर्वा ङे ।

१७८. **स्त्रेः स्याड् ह्रश्च ।**

ङित्सु सर्वस्यै । सर्वाभ्याम् २ । सर्वस्याः २ । सर्वासाम् । सर्वयोः २ । सर्वस्याम् ङौ । सर्वासु । हे सर्वे ! एवं विश्वादयः स्त्रि संज्ञकाः[४५] । उभे २ । उभाभ्याम् ३ । उभयोः २ । उभयी । उभय्यै ४ उभयीभ्यः २ उभय्याः २/५ । उभयीनाम् ६ । उभय्याम् उभयीषु[४६] । टि संज्ञायाम् आट् ङेराम् ।

१७९. **दिक्से बहुव्रीहौ स्त्रिर्वा ।**

स्त्रि संज्ञा दिशां समासे बहुव्रीहौ वा । या उत्तरा सा पूर्वा यस्याः सा उत्तरपूर्वा तस्यै उत्तरपूर्वायै ४ उत्तरपूर्वस्यै ४ । उत्तरपूर्वस्याः २ उत्तरपूर्वायाः २ उत्तरपूर्वस्याम् उत्तरपूर्वायाम् उत्तरपूर्वासु ।

१८०. **तीयस्य ङित्सु वा स्त्रिः ।**

द्वितीया तृतीया रमावत् । ङिति । द्वितीयस्यै द्वितीयायै ४ । द्वितीयस्याः द्वितीयायाः २। तृतीयस्याम् तृतीयायाम् । शेषं रमावत् । अम्बाला अम्बिका रमावत्। धौ द्वि-अच् विशेषणात् न ह्रस्वः । हे अम्बाले, हे अम्बिके ! अल्ला अक्का अम्बा रमावत्। धौ तु हे अम्ब ! हे अक्क ! हे अल्ल ! विश्वपा गोपावत् । इदन्ता मतिवत् हरिवत् । शसि मतीः। मत्यै ।

१८१. **अस्त्रीयुवघ्योर्वाढिरधौ ।**

अस्त्री इय् उवघि-छेदः । टि संज्ञायाम् आट् वृद्धिः । मत्यै मतये ४ । मतेः २ मत्याः २/५/६ मतौ मत्याम् । मत्योः २ । मतीनाम् । मतिषु । हे मते ! एवं शक्तिभक्तिबुद्धिरिदन्ताः[४७] । गौरी गौर्यौ गौर्यः । गौरीम् गौर्यौ गौरीः । गौर्या ३

---

४५. द्विवचनान्त उभ शब्दः- इत्यधिकः पाठः । B

४६. हे उभयि- इत्यधिकः पाठः । BD

४७. ईदन्तो गौरी शब्दः- इत्यधिकः पाठः । BD

गौरीभ्याम् ३ गौर्यै ४ । गौर्याः ५/६ गौरीणाम् । गौर्याम् । गौरीषु । हे गौरि ! बहुश्रेयसीवत् । लक्ष्मीः । शेषं गौरीवत् । एवं दीर्घदन्तास्सर्वे ।

१८२. **त्रिचतुरोः स्त्रियां तिसृचतसृरश्चाऽचि ।**

तिस्रः २ । तिसृभिः । तिसृभ्यः २ । तिसृणाम् । दीर्घाऽभावः । तिसृषु । हे तिस्रः ! त्यदादेष्टेरः क्तौ (१६२) । विभक्तिविषये । द्वि । द्वा । अजाद्यतष्टाप् (सू० २७७) इति टाप्। ट् प् इतौ लोपो द्वे २ । द्वाभ्याम् ३ । द्वयोः । स्त्री स्त्रियौ । इयङ् । स्त्रियः । स्त्री अम् ।

१८३. **वाऽम्शसोः ।**

विकल्पेन । स्त्रीम् स्त्रियम् । स्त्रीः । स्त्रियः । स्त्रिया ३ स्त्रीभिः । स्त्रियै । स्त्रीणाम् । स्त्रियाम् स्त्रियोः स्त्रीषु । हे स्त्रि !

अवी-लक्ष्मी-तरी-तन्त्री-ह्री-धी-श्रीणामुदाहृतः ।
सप्तानामपि स्त्रीलिङ्गे न सुलोपः कदाचन ॥

श्रीः श्रियौ श्रियः १ । श्रियम् श्रियः श्रीभ्याम् ३ श्रीभिः श्रिये श्रियै ४ श्रियाः श्रियः ५/६ । श्रीणाम् ।

१८४. **वाऽऽमि ।**

विकल्पेन । श्रियाम् श्रियि । श्रियोः २ । श्रीषु । हे श्रीः ! एवं ह्री धी । अवी लक्ष्मी तरी तन्त्री गौरीवत् । एवं नदी । रज्जु धेनु वायुवत् । शसि धेनूः रज्जूः । ङिति विकल्पेन ढि। धेनवे धेन्वै ४ धेनोः २ धेन्वोः २ धेनूनाम् । धेन्वाम् धेनौ । हे धेनो ! एवं रज्जु । क्रोष्ट्री गौरीवत् । सुभ्रू भ्रू श्रीवत् वधू गौरीवत् । हे सुभ्रूः ! ढिसंज्ञा नास्ति । मण्डूकीवाचकपुनर्भू शब्दस्य हे पुनर्भूः[४८]! स्त्रीवाचकस्य हे पुनर्भु ! ढि संज्ञात्वात् ह्रस्वः ।

१८५. **न ष्णान्तस्वस्रादिभ्यः ।**

ङीप्टापौ ।

स्वसा तिसृचतसृश्च नानन्दा[४९] दुहिता तथा ।
याता मातेति सप्तैव स्वस्रादय उदाहृताः ॥

दुहिता दुहितरम् दुहितृः मातृः शसि । शेषं पितृवत् । स्वसा स्वसारौ स्वसारः स्वसारम् । स्वसृः । शेषं पितृवत् । द्यो गोवत् । द्यौः द्यावौ । रै पुंवत् । नौ ग्लौवत् । नौः नावौ । हे नौः !

॥ इति स्त्रीलिङ्गा अजन्ताः ॥

---

४८. भेकजातौ नित्यस्त्रीत्वाभावाद्- इति सिद्धान्तकौमुदी । वर्षाभू शब्दः । स च भेकजातौ द्विलिङ्ग इति बालमनोरमा । ed.

४९. ननान्दा इति कोषग्रन्थेषु दृश्यते । ed.

॥ अथ अजन्तक्लीबाः ॥

१८६. **क्लीबात् स्वमोर्लुक् चातोऽम् ।**

ज्ञानम् ज्ञाने सुस्थानेऽम् पूर्वरूपम् । औ शी इत्-लोपगुणाः । ज्ञान जस् ।

१८७. **जस्शसोः शिः ।**

ज्ञान इ । इत्लोपौ ।

१८८. **झलचोर्नुम् शौ ।**

क्लीबादित्येव । ज्ञान इ । मित्त्वादन्त्यादचः परो नुम् ।

१८९. **नसब्नान्तमहतां धा दी**[५०] **।**

नस् अप् नान्त महत् शब्दानाम् उपधादीर्घः । ज्ञानानि । पुनः ज्ञानम् ज्ञाने ज्ञानानि २ । शेषं रामवत् । एवं धनजलवनफलादयः । सर्वम् सर्वे सर्वाणि । उभे २ उभाभ्याम् ३ उभयोः २ । उभयम् उभयानि ।

१९०. **डतरादिपञ्चभ्यः श्तुः ।**

स्वमोः अनु. । श् सर्वादेशार्थः । उकार उच्चारणार्थः । डतरडतमप्रत्ययौ तदन्ता ग्राह्याः । कतरत्- द् कतरे करतराणि । कतमत्- द् । कतमे । अन्यत्- द् । अन्यतरत्- द् । इतरत्- द् इतरे इतराणि । इमे पञ्च शेषं पुंवत् । अन्यतमम् एकतमम् । अनयोरम् । विश्वादयः स्रिसंज्ञकाः सर्ववत् ।

१९१. **जराऽतोऽम् वा जरस्**[५१] **।**

स्वमोः अनु. । उपजरम् । उपजरसम् । उपजरे । उपजरसी । उपजरांसि । उपजराणि । शेषं निर्जरवत् ।

१९२. **क्लीबो ह्रः ।**

अचाम् । ह्रस्वत्वम् श्रीपा ह्रस्वत्वे श्रीपम् । श्रीपे श्रीपाणि । रामवत् । इदन्तो वारि । स्वमोर्लुक् । वारि वारिणी वारीणि २ ।

१९३. **इकः क्त्यचि नुम् ।**

दीर्घादि । वृद्ध्यौत्वतृन्भावगुणेभ्यो नुम् विशेषात् । वारिणे ४ वारिभ्याम् ३ । वारिणोः २ वारीणाम् दीर्घः नाम्त्वात् । वारिणि वारिषु । इको गु. वा धौ ।

१९४. **क्लीबे ।**

हे वारे ! हे वारि ! हे वारिणी !

---

५०. धा दी. सुटि । BD

५१. जराऽतोऽम् वा । AC

१९५. **दध्यस्थिसक्थ्यक्ष्णामनङ्दात्तः टाप्यचि ।**

टाप्यचि । दधि दधिनी दधीनि १ । पुनः २ । दध्न् आ । अल्लोपे दध्ना । दधिभ्याम् ३ दध्ने ४ दध्नः ५/६ । दध्नाम् ६/३ । वाऽल्लोपः दधनि दध्नि । अस्थिनी अस्थीनि । अस्थनि अस्थ्नि अस्थ्नः । ५/६ अक्षि अक्षीणि । अक्ष्णा हे अक्षि अक्षे ! सक्थनः २ सक्थ्नाम् सक्थिषु । हे सक्थे हे सक्थि !

१९६. **तुल्यार्थमुक्तपुंस्कं पुंवद् वा ।**

सुधि सुधिनी सुधीनि २ सुधिया सुधिना सुधिभ्याम् । सुधिभिः । सुधिये सुधिने। अजादौ पक्षे नुम् । इयङ् सुधिये अजादौ २/२ रूपम् । एवं मधुप्रभृत्युदन्ताः ।

१९७. **सानुशब्दः स्नुर्वा ।**

टाप्यचि । सानु सानुनी सानूनि२ । सानुना स्नुना ३ सानुने स्नुने ४। प्रियक्रोष्टु । प्रियक्रोष्टुनी प्रियक्रोष्टूनि २ । शेषं पुंवत् । यथा ङे प्रियक्रोष्टुने प्रियक्रोष्टवे । प्रियक्रोष्ट्रे । अजादौ रूपत्रयम् । एवं खलपु सुलु टादौ । सुलुना सुल्वा । सुलुभ्याम् । खलपुने- प्वे । धातृ धातृणी धातृणि । धात्रा धातृणा हे धातृ ! हे धातः !

१९८. **एच इण् ह्रादेशे ।**

प्रै ह्रादेशे प्रि प्रिणी प्रीणि । एकदेशविकृतेन नाऽन्यवत् प्राभ्याम् प्राभिः प्राभ्यः २ प्रासु । एवमतिरि । अतिरीणाम् नामि दीर्घे । सु नौः यस्य (यस्मिन् कुले वा तत्) सुनु ह्रस्वः सुनुनी सुनूनि ।

।। अजन्ताः समाप्ताः ।।

।। अथ हलन्ताः पुँल्लिङ्गाः ।।

लिह् सु ।

१९९. **हो ढो दादेर्घश्च ।**

धोः अनु. । लिट्[५२] लिड् लिहौ लिहः । लिहम् लिहौ लिहः २ लिहा ३ लिड्भ्याम्। ढस्य डः । लिट्सु लिट्त्सु[५३] । गोदुह्। दादित्वात् घत्वम् । गोदुघ् सु ।

२००. **झषन्तैकाचो वशो भष् स्ध्वोर्झलि ।**

दान्ते च । दस्य ध् । गोधुक्-ग् । गोदुहौ गोधुग्भ्याम् ३ गोदुहे ४ गोधुक्षु । हे गोधुक्-ग् !

२०१. **वा द्रुहमुहस्नुहस्निहः ।**

---

५२. सो लो जश्त्व-चर्त्वे- इत्यधिकः पाठः । BD

५३. हे लिट्, ड्- इत्यधिकः पाठः । B

घत्वढत्वे । झलि दान्ते । मित्रद्रुह् सु मित्रध्रुक्-ग् । मित्रध्रुट्-ड् । मित्रद्रुहौ । मित्रध्रुड्भ्याम् मित्रध्रुग्भ्याम् । मित्रध्रुक्षु मित्रध्रुट्सु मित्रध्रुट्त्स[54] । मुट्-ड् । मुहौ । मुड्भ्याम् मुहे मुट्सु मुट्त्सु । स्नुह् क् ग् ट् ड् । स्निक् ग् ट् ड् । स्निहो: २ स्निहि । ७/१ । स्निक्षु स्निट्सु स्निट्त्सु । हे स्निक् ग् ट् ड् ! विश्ववाट् ड् । विश्ववाहौ । विश्ववाहम् । विश्ववाह् शस् ।

२०२. **वाहो वा औ श्वेतात् तु वा ।**

वृद्धिः विश्वौहः विश्वौहा । विश्ववाड्भ्याम् विश्ववाट्सु त्सु । श्वेतवाह् ट् ड् श्वतवाहौ[55] । शसि श्वेतवौहः श्वेतवाहः । अजादौ सर्वत्र विकल्पः । शेषं लिह्वत् । अनडुह् ।

२०३. **चतुरनडुहोरामुदात्तोऽम् च धौ[56] ।**

सुटि । अनडु आम् ह् सु । मित्त्वादन्त्यादचः परः । अनड्वाह् सु ।

२०४. **हो नः सौ ।**

अनड्वान् । सु लोपः। अनड्वाहौ। शसि अनडुहः। अनडुह्भिः ।

२०५. **वसुस्रंसुध्वंसभ्रंसनडुहां दः ।**

दान्ते अनडुद्भिः । अनडुद्भ्याम् ३ । अनडुह् सु अनडुत्सु । हे अनड्वन् ! अत्र अम्[57]। यान्ता नोक्ता अविशेषात् । वान्तः सुदिव् ।

२०६. **दिव औङ् सौ दान्ते चोत् ।**

सुद्यौः[58] सुदिवौ सुदिवः सुदिवम् सुद्युभ्याम् । सुद्युभिः । सुदिवे सुद्युषु । हे सुद्यौः ! रान्त चतुर्शब्दो बत्वान्तः । चत्वारः आमागमः (सू. २०३) । चतुरः चतुर्भिः चतुर्भ्यः २ चतुर्णाम् नाम् । चतुर्षु । हे चत्वारः ! लान्तोऽप्यविशेषान्नोक्तः। यथा हल् हलौ हलः । प्रशाम् शब्दः । प्रशाम् सु ।

२०७. **मो नो धोः ।**

दान्ते झलि मस्य न । सुलोपः प्रशान् प्रशामौ प्रशामम् । प्रशान्भ्याम् ३ प्रशामि प्रशान्सु । हे प्रशान् ! किम् सु । त्यदादेष्टेरः क्तौ[59] (सू. १६२)। कः कौ के ।

---

५४. हे मित्रध्रुड् ट् क् ग्- इत्यधिकः पाठः । BD

५५. श्वेतवाह् शब्दस्य रूपाणि प्रदर्श्यन्ते B पुस्तके ।

५६. धौ = सम्बुद्धौ इत्यर्थः । ed.

५७. तुरासाह् शब्दस्य रूपाणि प्रदर्श्यन्ते A पुस्तके।

५८. व औ यण् सुद्यौः । B

५९. क्तौ- इति नास्ति । BD

सर्वम् सर्ववत् । इदम् ।

२०८. **इदमोऽयमियं पुंस्त्रियोः सौ ।**

अयम् । इदम् औ । टेरत्वम् ।

२०९. **दो मः ।**

इदमदसोर्दस्य मः क्तौ । वृद्धिः इमौ इमे जस् शी । इमम् इमौ इमान् । इदम् टा ।

२१०. **अकोऽनः टौसोरश्च हलि ।**

इदम् अनु. । अनेन आभ्याम् ३ एभिः । अस्मै ङे ४ । अस्मात्-द् एभ्यः अस्य अनयोः२ एषाम् । अस्मिन् । एषु । त्यदादीनां सम्बुद्धेरभावः[६०] ।

२११. **अकेदमदसोर्भिसो भिस् ।**

अतो नो भिस ऐस् । अनुपश्चादुक्तिरनूक्तिः[६१]। यथाऽनेन व्याकरणमधीतम्, एनं छन्दोऽध्यापय ।

२१२. **अनूक्ताविदमेतदोर्द्विटौस्सूदात्तैनो वा क्लीबे चैनत्[६२] ।**

एनम् एनौ एनान् । एनेन एनयोः २ ।

> **इमं देशहितं विद्धि चैनं हि देशरक्षकम् ।**
> **इमाविमान् वित्त शैवानेनावेनान् हि वैष्णवान् ॥१॥**
> **अनेनाराधितः शम्भुरनेनैवार्चितो हरिः ।**
> **अनयोर्नृहरिः स्वामी स एव पतिरेनयोः ॥२॥**

डान्ताः पूर्ववत्[६३] । एवं सुगण् विजन्तः । क्विबन्तः सुगाण् सुगाणौ सुगाणः । सुगाण् ठ् सु सुगाण्ट्सु[६४] । नकारान्तो राजन् । नसब्नान्तमहतां धा दीर्घः सुटि ।

२१३. **अङि धौ नाम्नो नो लोपः[६५] ।**

२१४. **ङौ चोत्तरपदे लोपः ।**

ब्रह्मणि निष्ठा ब्रह्मनिष्ठा यथात्र न लोपः चर्मतिलाः । राजन् धा दीर्घसुलोपौ । राजा राजानौ राजानः । राजानम् राजानौ राज्ञः अत्र अम्वयो....(सू. १४९) सूत्रेण अलोपे जञोर्ज्ञः । राज्ञा राजभ्याम् राजभिः । राज्ञे राजभ्याम् २ । राजभ्यः २ । राज्ञः ५/६ । राज्ञोः राज्ञाम् राजनि राज्ञि । राजसु । हे राजन् ! नलोपो नास्ति धौ ।

---

६०. सम्बोधनाभावः । BD त्यदादिषु सम्बुद्धिर्नास्ति । A

६१. पुनरुक्ता.................... BD

६२. अनूक्ताविदमेतदोर्द्विढौस्स्वैनः क्लीबे चैनद् स चोदात्तः । A

६३. डान्ता नोक्ता अविशेषात् । B

६४. क्विपि सुगण् एव । BD

६५. सूत्रमिदं नास्ति A पुस्तके।

२१५. **नलोपे सुप्-स्वर-संज्ञा-कृत्तुग्विधयो न**[६६] **।**

प्रतिदिवान् प्रतिदिवानौ प्रतिदिवानः प्रतिदिवन् शस् । धोरव् उपधा इक् दीर्घः।

२१६. **हल्दान्तयोः परयोः कुर् छुर् तद्धितप्रत्ययानां न**[६७] **।**

स्पष्टमन् लोप व् उपधा दि दीर्घाः प्रतिदीव्नः प्रतिदीव्ना प्रतिदिवभ्याम् ३ प्रतिदीव्ने ४ प्रतिदिवसु हे प्रतिदिवन् ! यज्वन् ब्रह्मन् आत्मन् शब्दानां अलोपो न म-व-संयोगात्। शसादौ यज्वनः आत्मना ब्रह्मणे । शेषं राजन्वत् ।

२१७. **इन्हन्पूषनर्यम्णां सौ शौ ।**

धा दीर्घः । दण्डिन् दण्डी दण्डिनौ । दण्डिने ४ दण्डिभ्याम् ३ दण्डिषु हे दण्डिन् ! वृत्रहन् वृत्रहा वृत्रहन् औ ।

२१८. **पौर्वनिमित्तादेकाच्कृदुत्तरपदे णः ।**

नः अनु. । वृत्रहणौ । वृत्रहणः वृत्रहणम् । वृत्रहन् शस् । अलोपे ।

२१९. **द्वित्वे ञ्णोन्ने च हन्तेर्हः कुः**[६८] **।**

वृत्रघ्नः वृत्रघ्ना वृत्रघ्ने वृत्रहभ्याम् ३ वृत्रहभ्यः २ वृत्रघ्नाम् वृत्रहणि वृत्रघ्नि वृत्रहसु हे वृत्रहन् ! पूषा पूषणौ पूष्णः २ पूष्णा पूषभ्याम् ३ पूषसु पूषणि पूष्णि । अर्यमा अर्यमणौ अर्यम्णः अर्यम्णे अर्यमणि अर्यम्णि अर्यमसु हे अर्यमन् ! यशस्वी । विनन्ता एवम्[६९] । मघवन् ।

२२०. **मघोनो मघवतृ सुटि**[७०] **।**

२२१. **अधूगिदचां नुम् सुटि**[७१] **।**

धातुभिन्न उ, ऋ, लृ इत् शब्दानामेव नुम् । योगान्तस्य लोपो रात्सस्यैव । मघवतृ सु । मघवा । नुम् दीर्घ सु त् लोपाः । मघवन्तौ मघवन्तः मघवन्तम् मघवन्तौ । मघोनः ।

२२२. **श्वन् युवन् मघोनां व उरतद्धिते ।**

मघोनः । मघोना । मघवभ्याम् । मघवभिः मघोने मघवसु । हे मघवन् ! श्वा

---

६६. तेन राजाऽश्व इत्यादौ सन्धिः । हे राजन् ! प्रतिदिवन् इत्यधिकः पाठः A पुस्तके । प्रतिदिवन् शब्दः इत्यधिकः पाठः B पुस्तके । प्रतिदिवन्-इत्यधिकः पाठः । D पुस्तके ।

६७. र्वोरुपधाया इको दी हलि । A

६८. द्वित्वे हन्तेर्हो कुर्ञ्णिन्ने च । A

६९. B पुस्तके 'यशस्विन्' शब्दस्य रूपाणि प्रदर्श्यन्ते।

७०. मघोनो मघवतृ वा । A

७१. अधु+उक्+इत्+अच् इति पदच्छेदो द्रष्टव्यः । अत्र उक् प्रत्याहार आश्रणीयः । ed.

श्वानौ शुनः शुने श्वभ्याम् ३ । युवा युवानौ युवानः यूनः यूना युवभ्याम् ३ यूनि युवसु हे युवन् ! हे श्वन् ! अर्वन् ।

२२३. **अनञोऽर्वणस्त्रसौ**[७२] **।**

नञ्रहितः अर्वन् अर्वतृ सुं विना[७३] । अर्वा अर्वन्तौ अर्वन्तः अर्वन्तम् । अर्वतः अर्वते ४ । अर्वद्भ्याम् ३ । अर्वतः ५/६ । अर्वत्सु । हे अर्वन् ! पथिन् मथिन् ऋभुक्षिन्।

२२४. **पथिमथ्यृभुक्षां टेरा सौ लोपश्च भे ।**

२२५. **थोन्थ इतोऽत् ।**

सुटि । पन्थाः पन्थानौ पन्थानः । पन्थानम् पन्थानौ पथः । पथा । पथिभ्याम् । पथे पथिषु । हे पन्थाः ! मन्थाः पथिवत् । ऋभुक्षाः ऋभुक्षाणौ ऋभुक्षाणः ऋभुक्षाणम् ऋभुक्षः । ऋभुक्षः ५/६ । ऋभुक्षि ऋभुक्षिषु हे ऋभुक्षाः ! पञ्चनादिसंख्यावाचकशब्दा बहुवचनान्ताः । पञ्च २ पञ्चभिः पञ्चभ्यः २ पञ्चानाम् पञ्चसु । डति संख्याष्र्णो जश्शसोर्लुक् । एवं सप्तन् नवन् दशन् एकादशन् । अष्टन् शब्दस्य भेदः ।

२२६. **अष्टनो वाऽऽक्तौ जश्शसोरौश् ।**

अष्ट २ अष्टभिः अष्टभ्यः २ अष्टानाम् अष्टसु । अष्टौ २ अष्टाभिः अष्टाभ्यः २ । अष्टानाम् अष्टासु ।

२२७. **नो धा ।**

नान्तस्य दीर्घो नामि । प्रियाष्टन् । प्रियाष्टा प्रियाष्टानौ राजवत् । शसि प्रियाष्ट्नः । प्रियाष्ट्ने प्रियाष्ट्नः ५/६. । हलादौ वाऽऽत्वम् प्रियाष्टभिः प्रियाष्टाभिः प्रियाष्टसु प्रियाष्टासु । हे प्रियाष्टन् ! एवं प्रियनवा राजवत् ।

प्रियाष्ट्नो राजवत् सर्वं हाहावच्चापरं हलि[७४] ।

झान्तादयोऽप्रसिद्धाः । धान्तः बुध् । भुत्- द् बुधौ बुधः । बुधा भुद्भ्याम् भुद्भ्यः २ भुत्सु । झषन्तैकाचो बशो भष्० (सू. २००)। ऋत्विज् ।

२२८. **ऋत्विग् दधृष् स्रज् दिश् उष्णिह् अञ्चु युजि क्रुञ्च् असृज् दृश् स्पृश मृश् विनां कुः ।**

झलि दान्ते च । ऋत्विक् ग् । ऋत्विजौ । ऋत्विजः ऋत्विग्भ्याम् ऋत्विक्षु । हे ऋत्विक् ग् ! युज् ।

---

७२. अनञः अर्वणः तृ असौ- इति पदच्छेदः । ed.

७३. सुं वर्जयित्वा । BD

७४. इदमुपसंहारवचनम् A पुस्तके न दृश्यते । मूलत इदं वचनं सिद्धान्तकौमुद्यामुपलभ्यते । ed.

२२९. **युजेश्चाऽसे ।**

नुम् सुटि । युङ् । अनु नस्य । नस्य ङकारः सुलोपः युञ्जौ । युञ्जः । युजः । युजा युग्भ्याम् ३ । युजे युक्षु । हे युङ् ! से तु सुयुक् सुयुजौ सुयुजः १/२/५/६ । सुयुक्षु। हे सुयुक्-ग्[७५] ! खञ्ज् । खन् खञ्जौ खञ्जः खञ्जे ४ खन्भ्याम् ३ खन्सु ।

२३०. **व्रश्च् भ्रस्ज् सृज् मृज् यज् राज् भ्राज् छ शां षः ।**

झलि दान्ते । व्रश्च स्प्रिः । स्प्रि= सम्प्रसारणम् ग्रहिज्या...(सू. १०७८ भ्वादि., तत्र वृत्तिः) इत्यादिना । वृश्च् ।

नकारजावनुस्वारपञ्चमौ झलि धातुषु ।
सकारजः शकारश्चेत् षाट्टवर्गस्तवर्गजः ॥

श स एव ।

२३१. **संयुक्तादिस्कोः ।**

लोपः । अनु. सलोपः। वृच् । चस्य ष डत्वटत्वौ । वृट् ड् । वृश्चौ वृश्चः वृड्भ्याम् ३ वृश्चे वृट्सु वृट्त्सु । यवभ्रस्ज् । सलो भ्र भृ । यवभृट् ड् । यवभृज्जौ यवभृज्जः यवभृड्भ्याम् ३ यवभृज्जे । यवभृट्सु त्सु । राज् । राट् ड् । राजौ राजः १/२/५/६ । राजोः ६/७ राड्भ्याम् ३ । राट्सु त्सु । विभ्राज् । विभ्राड् विभ्राजौ विभ्राजा विभ्राजाम् विभ्राजि विभ्राट्सु । देवेज् । देवेड् देवेजौ देवेड्भ्याम् । विश्वसृट् ड् विश्वसृजौ विश्वसृजाम् । हे विश्वसृट् ड् ! सृज्यजोः कुत्वं नेति क्लीबे वक्ष्यते । परिमृट् ड् । परिमृजौ परिमृजः परिमृट्सु त्सु । षत्वे टुभ्राज् फणादिरेव ग्राह्यो राजि साहचर्येण[७६] ।

२३२. **परौ व्रजेः षः दान्ते दीर्घश्च ।**

सर्वं परित्यज्य व्रजति परिव्राट् ड् । परिव्राट्सु त्सु ।

२३३. **विश्वस्य वसुराटोः ।**

दीर्घः । विश्वाराट् विश्वाराड्, विश्वराजौ विश्वराजः विश्वाराड्भ्याम् ३ । विश्वाराड्भिः विश्वाराड्भ्यः २ । विश्वाराट्सु त्सु । हे विश्वाराड् ! विश्वावसु शब्दः शम्भुवत् । उर्ज् उर्क् ग् । रात् स एव लोपः[७७] । उर्ज्जौ उर्ज्जः उर्ग्भ्याम् ३ उर्ग्भिः उर्जे उर्क्षु ।

२३४. **त्यदां तदोः सः ।**

---

७५. समासत्वात् न नुम् । BD

७६. साहचर्यात् । BD षत्वविधौ राजिसाहचर्यात् टु भ्राजृ दीप्ताविति फणादिरेव गृह्यते । A

७७. रात् सलोपो नान्यस्य । जलोपो न । B रात् सलोपो नान्यस्य । D रात्सस्येति नियमात् (सू० ४६) न संयोगान्तलोपः । A

क्तौ । त्यदादेष्टेरः । त्यद् स्यः त्यौ त्ये । तद् सः तौ ते । तान् । यद् यः यौ ये । एतत् एषः एतौ एतम् एतौ एतान् एनम् एनौ एनान् । अनूक्तौ अन्वादेशे । एतेन एनेन एतयोः एनयोः २ । इमे सर्वे सर्ववत् । युष्मद् अस्मद् शब्दौ त्रिलिङ्गेषु समरूपौ[७८] ।

२३५. **युष्मदस्मदोः सु जस् ङे ङस्भिः त्वं अहं यूयं वयं तुभ्यं मह्यम् तव ममाः।**

स्युः। त्वम् अहम् ।

२३६. **युवाऽऽवौ द्विवचने ।**

औस् हलाद्योः टेरात्वम्[७९] ।

२३७. **औटोऽम् ।**

युवाम् आवाम् । यूयम् । वयम् ।

२३८. **त्वन्मदेकोक्तौ ।**

त्वत् मत् । टेराम् पूर्वरूपम् । त्वाम् माम् । युवाम् आवाम् युष्मान् अस्मान् ।

२३९. **युष्मदस्मस्द्भ्यां शस्भ्यस्ङसिभ्यस्सामां न् डभ्यं तः लुप् अकमः ।**

शस् स्थाने न् टेरा । युष्मान् अस्मान् ।

२४०. **टाङ्योरे ।**

एतयोष्टेरे । त्वत् टा टेरे अय् त्वया । मत् मे आ अय् मया । युवाभ्याम् । आवाभ्याम् । युष्माभिः अस्माभिः । तुभ्यम् मह्यम् ङे युवाभ्याम् । आवाभ्याम् । युष्मभ्यम् । अस्मभ्यम् । (ड्भ्यम्) टेर्लोपो डित्त्वात् । त्वत् मत् युवाभ्याम् । आवाभ्याम् । युष्मत् अस्मत्[८०] तव मम ङस् । युवयोः आवयोः अत्र ओसः योस् । अतष्टाभिस् (सू० १२९) अनेन । त्वयि मयि युवयोः आवयोः युष्मासु अस्मासु ।

२४१. **अपादवाक्यादौ षष्ठीचतुर्थीद्वितीया-स्थयोर्युष्मदस्मदो-रेकद्विबहुवचनयोः ते मे वां नौ वस् नसनुदात्तादेशाः।**

स्युः । वा अनु. ।

२४२. **त्वां मां त्वा मा ।**

अनूक्तौ नित्यमादेशाः । यथा तस्मै ते नमः ।

२४३. **अनन्वादेशे तु वा ।**

यथा धाता ते भक्तोऽस्ति । तव वा ।

---

७८. युष्मदस्मद्शब्दौ षड्लिंगप्रकरणस्य समाप्तौ दृश्येते BD पुस्तकयोः । तत्र रूपसिद्धिप्रक्रियाऽपि संकेतिता वर्तते । ed.

७९. औस् इति प्रत्याहारः । B औ जस् अम् औट् शस् प्रत्याहारपरे टेरात्वम् । D

८०. भ्यस् लोपः । D अत्रापि लोपः । A

२४४. **अनन्वादेशे पदोत्तरप्रथमान्ताद् वा ।**

दासस्त्वमप्यहं तेन हरिः त्वां मां च रक्षतु । त्वा मा वा । पादादौ अविशेषणे सम्बुद्धेर्न भवन्ति वसादयः । स्पष्टम्[८१] ।

कारिका

युष्मदस्मदोरादेशाः सर्वेऽनुदात्तसंज्ञकाः ।
असमासे द्विचतुर्थीषष्ठीस्थाने भवन्ति हि ॥
अपदादावेकवाक्ये नित्यं चान्यत्र कल्पनात् ।
च वा हाऽहैव युक्ताश्च सम्बोधनपदात्तथा ।
सर्वे वसादिकादेशा न भवन्तीति निश्चितम् ॥
क्रियावति वाक्ये नित्यं सम्बोधे सविशेषणे ।
हरे दयालो नः पाहि ।

सुपाद् त्।

२४५. **पाद दन्त नासिका मास हृदय निशा असृज् यूष दोष यकृत् शकृत् उदक आस्यानां पद् दत् नस् मास् हृद् निश् असन् यूषन् दोषन् यकन् शकन् उदन् आसन् भे ।**

वादेशा भवेयुः । सुपदः सुपदा सुपाद्भ्याम् । सुपदे सुपाद्भ्यः । सुपदि । हलादौ न पदादेशः सुपात्सु[८२] । अग्निमथ् । अग्निमत् द्। अग्निमद्भ्याम्। अग्निमत्सु ।

२४६. **अनिदितां धा नो लोपः ।**

क्ङिति । प्र अञ्च् क्विन् । नलोपे प्राच् सु ।

२४७. **उगिदचाम्[८३] ।**

सुटि नुम् । प्रान् च् सु । सुचलोपे नो ङ् । (२२८ सूत्रेण) । प्राङ् प्राञ्चौ प्राञ्चः । प्राच् शस् ।

२४८. **अचोऽल्लोपः पूर्वाणो दीर्घ उद इच्च ।**

शप्यचि । प्राचः प्राचा प्राग्भ्याम् ३ । प्राग्भिः प्राचि प्राक्षु । प्रत्यङ् प्रत्यञ्चौ प्रत्यञ्चः । प्रतीचः प्रतीचा । अलोपे सति निमित्ताभावे नैमित्तकस्यापि अभावः ।

---

८१. इमे आदेशाः अनुवृत्तिः । यथा सर्वदा रक्ष देव नः । अत्र देवपदस्य सम्बुद्धित्वेऽपि ततः प्रथमरक्षक्रियायां परत आदेशः । विशेषणसहितस्य तु भवति । यथा हरे दयालो नः पाहि । बहुवचनेऽन्वादेशे सविशेषणे वा । यूयं प्रभवः ! देवाः शरण्याः ! युष्मान् भजे । वो भजे इति । इत्यधिकः पाठः । A

८२. सुपाद् शब्दस्य रूपाणि सर्वेष्वपि पुस्तकेषु अव्यवस्थितानि दृश्यन्ते । अत्र D पुस्तकमाश्रितम् । ed.

८३. इदं सूत्रं नास्ति । B

य इ जातः। प्रति, अलोपदीर्घौ। गुर्वङ् गुर्वञ्चौ। शसि[८४] गुरूचः गुरूचा। कर्त्रङ् कर्त्रञ्चौ कर्त्रञ्चः कर्तृचः कर्तृचा। गुर्वग्भ्याम् ३ कर्त्रग्भ्यः २। कर्तृक्षु गुर्वक्षु हे कर्त्रङ्!

२४९. **विश्वग् देवस्त्रीणां टेरद्रिः अञ्चतावप्रत्यये परे।**

२५०. **अदसो दोमस्तत उः।**

अमु अञ्चतीति विग्रहे अदस् अञ्च् टि संज्ञकास्स्थाने अद्रि। अद् अद्रि अञ्च्। सु-नुमागम-न-लोपे यणि कुत्वे अद् अद्र्यङ्[८५]। अदद्र्यञ्चौ अदद्र्यञ्चः। अमुमुयङ्। द्वितीयपदात् परस्य रेफस्योकारे। अदमुयङ् इति रूपत्रयम्। शसि अदद्रीचः अदद्रीचा अदद्र्यग्भ्याम् अदद्र्यग्भिः। अदद्रीचे ४ अमुमुईचः अदमुईचाम्। विश्वद्र्यङ् विश्वद्र्यञ्चौ देवद्र्यञ्चः देवद्रीचा देवद्र्यक्षु। उदङ् उदञ्चौ उदञ्चः उदीचः उदीचा उद्ग्भ्याम् उद्ग्भिः उदीचे उदक्षु।

२५१. **सम्सहयोः।**

समि सध्रि वप्रत्ययेऽञ्चतौ। सम्यङ् सम्यञ्चौ सम्यञ्चः। समीचः समीचा सम्यक्षु। सध्र्यङ् सध्र्यञ्चौ सध्र्यञ्चः सध्रीचः सध्रीचे ४ सध्र्यक्षु।

२५२. **तिरि तिरस् भे[८६]।**

तिर्य्यङ् तिर्य्यञ्चौ तिर्य्यञ्चः। तिरश्चः। तिरश्चा तिर्यग्भ्याम् तिरश्चे। निमित्ताऽपाये नैमित्तकस्याप्यपायः। प्रत्यङ् प्रत्यञ्चौ प्रत्यञ्चः प्रतीचः प्रतीचा प्रत्यक्षु। तिर्य्यक्षु। हे तिर्यङ्!

२५३. **अञ्चतेः पूजायाम् नलोपो न[८७]।**

प्राङ् प्राञ्चौ प्राङ्भ्याम् ३ प्राङ्भिः एवं प्रत्यङादयः! पूजार्थे क्रुञ्च धोर्नलोपो न निपातनात्[८८]। क्रुङ् क्रुञ्चौ क्रुञ्चः क्रुङ्भ्याम् ३ क्रुङ्जु। क्रुङ्क्षु। पयोमुक् ग्। पयोमुचौ पयोमुचः पयोमुग्भ्याम् ३ पयोमुग्भिः पयोमुचे ४ पयोमुक्षु। हे पयोमुक्! व्रश्च्। संयुक्तस्कोरन्ते इति सलोपः स्प्रि ऋ रस्थाने वृट् वृड् वृश्चौ वृश्चः

---

८४. अलोपे सति..... शसि- इति इयान् पाठः केवलं D पुस्तक एव दृश्यते। ed.

८५. अन्त्यबाधेऽन्त्यसदेशस्य (परि॰ १०४) इति परिभाषामाश्रित्य परस्यैव मुत्वं वदतां मते 'अदमुयङ्'। 'अः सेः सकारस्य स्थाने यस्य सः असिः, तस्य असेः' इति व्याख्यानात् 'त्यदाद्यत्वविषय एव मुत्वं नान्यत्र' इति पक्षे 'अदद्र्यङ्'। सिद्धान्तकौमुदी (सू॰ ४१९)। ed.

८६. अचि तिरस्तिरि। A

८७. नाञ्चेः पूजायाम्। नस्य लोपो न। A

८८. कुञ्चधातोर्नलोपाभावो निपातनात्। B

वृड्भ्याम् वृट्सु त्सु । महतु । उदितः । महन् त् सु । उगिदचां नुम्[८९] । नसब्नान्तमहतां धा दीर्घः । सुटि । महान् । महान्तौ महान्तः महान्तम् महान्तौ महतः महता महद्भ्याम् महद्भिः महते महतः २ महतोः २ महताम् महति महत्सु । हे महन् ! महान्तौ महान्तः! धीमतु ।

२५४. **अत्वसन्तस्य चाधातोः ।**

अधातोः सौ दीर्घः । धीमान् धीमन्तौ धीमन्तः धीमन्तम् धीमन्तौ धीमतः २ धीमता धीमद्भ्याम् धीमत्सु हे धीमन् ! उ इत् नुमि कृते । दीर्घे च धीमान् । अधातोरिति पर्य्युदासेन नामधातावपि क्वचिद् दीर्घः । गोमन्तम् इच्छतीति गोमान् क्विब्लोपे । भवतु उ इत् भवान् भवन्तौ भवन्तः । शेषं धीमत्वत् ।

२५५. **न द्वित्वजक्षादिभ्यः शतुः ।**

नुम् न । ददत् ददतौ ददतः ।

जक्षत् जाग्रत् दरिद्रच्च शासत् चकासदेव च ।
दीध्यत् वेव्यत् च सप्तैते जक्षादय उदाहृताः[९०] ॥

गुप् गुब् गुपौ गुपः गुब्भ्याम् ३ गुप्सु ।

२५६. **त्यदादावनीक्षणे दृशेः कञ्क्विनौ ।**

२५७. **स्रेरा दृग्दृशवतुषु ।**

टेः । तस्य इव वर्तते इति तादृक्-ग् । तादृशौ तादृशः तादृग्भ्याम् तादृक्षु । एवं मम इव, तव इव, भवत इव । मादृक्-ग् त्वादृक्-ग् । भवादृक्-ग् । युवादृक्-ग् । आवादृक्-ग् युष्मादृक्-ग् । अस्मादृक्-ग् बोध्याः।

२५८. **नशेर्वा[९१] ।**

कुत्वं वा । नक् ग् ट् ड् । नशौ नशः । नड्भ्याम् । नग्भ्याम् । नशे । नट्सु नट्त्सु । नक्षु ।

२५९. **अजले स्पृशेः कुत्वम्[९२] ।**

घृतस्पृक्-ग् घृतस्पृशौ घृतस्पृग्भ्याम् ३ घृतस्पृक्षु । जलस्पृट् ड् । दधृष् कुत्वम् दधृक्-ग् दधृषौ । दधृषः । दधृग्भ्याम् । दधृक्षु । रत्नमुट् ड् । रत्नमुषौ ।

---

८९. उगिदचां नुम्- इति नास्ति C पुस्तके ।

९०. अयं कारिकापाठः सर्वत्र भिद्यते । परिष्कृतोऽयं पाठः । ed. तुलना-
जक्षि-जागृ-दरिद्रा-शास्-दीधीङ्-वेवीङ् चकास्तथा ।
अभ्यस्तसंज्ञा विज्ञेया धातवो मुनिभाषिताः।। मध्यसिद्धान्तकौमुदी ।

९१. नशेर्वा कुत्वम् दान्ते झलि । BD

९२. अद्रवे स्पृशेः कुत्वम् । BD

रत्नमुड्भ्याम् ३ रत्नमुट्सु रत्नमुट्त्सु । षष् षड् ट् । षड्भिः[९३] षण्णाम् षट्सु षट्त्सु । पिपठिष् सु ।

२६०. **धोरिणोर्वि हलि दान्ते च ।**

दीर्घः पिपठीः । चिकीर्ष् सु चिकीः सुलोपे । चिकीर्षौ । चिकीर्षः । चिकीर्भ्याम् । चिकीर्षु । विवक्ष् । कलोपे विवट् ड् । विवक्षौ विवक्षः । विवड्भ्याम् ३ विवट्सु विवट्त्सु[९४] । सजुष् सु ।

२६१. **अक्ष् अस् तुस् इस् उस् सजुषह्लां रङ् ।**

एतेषामन्त्यस्य रङ् दान्ते झलि । सजूः सजुषौ सजूर्भ्याम्। अक्षः । क्षवर्जितः अक्ष् । अक् ग् अक्षौ अक्षः अग्भ्याम् स्कोः सलोपः । दोष् दोः दोषौ दोषः दोर्भ्याम् ३ । दोःषु दोष्षु । दोषन् शप्यचि दोष्णः दोष्णा ङौ तु दोषि दोषणि दोष्णि । विश् विवक्षति क्विपि विवष् ट् ड् संयोगलोपे । णिजन्तक्षान्तात्तु संयोगान्तलोपेन तक्ष् रक्ष् तट् ड् रट् ड् तक्षौ तक्षः रक्षौ रक्षः । अक्षान्तपाठेन न षस्थाने रङ् । किन्तु जश्त्वम् । एवं सर्वे क्षान्ताः। पच् पक्तुम् इच्छति पिपक्षति पिपक् ग् पिपक्षौ पिपक्षः । वच् विवक्षति विवक् ग् । दिधक् दहधोः[९५] । सु उपसर्ग पिस् धुः । क्विप् सुपिस् इसन्तात् सस्थाने रङ् । सुपीः सुपिसौ सुपीर्भ्याम् ३ सुपीष्षु सुपीःषु । तुस् । सु तुस् सु सुतूः सुतुसौ सुतुर्भ्याम् ३ सुतुष्षु सुतुःषु । वस् निवासे विवक्षति विवट् ड् विवक्षौ । एवं सान्ताः । विद्वस् वसुत्यान्तः विद्वस् विद्वान् । नसब॰ (सू॰ १८९) दीर्घनुमौ । विद्वांसौ विद्वांसः विद्वांसम् विद्वांसौ विदुषः विद्वस् शस् ।

२६२. **वसोः स्प्रिः ।**

शप्यचि । व उत्वम् स षः विदुषः विदुषा । विद्वद्भ्याम् वसु. (सू॰ २०५) दत्वम् । विदुषाम् विदुषि विद्वत्सु हे विद्वन् ! सेदिवान् सेदिवांसौ सेदिवांसः । सेदुषः सेदुषा सेदिवद्भ्याम् ३ सेदिवत्सु । सेदिवस् शस् । वस्य उत्वम् । निमित्तपाये नैमित्तकस्याप्यपायः । इडभावः । सेदिवद्भ्याम् सेदुषे सेदिवत्सु । हे सेदिवन् ! बभूवान् बभूवांसौ शससि बभूषः बभूवद्भ्याम्[९६] । एवं सर्वे क्वसुप्रत्ययान्ताः ।

---

९३. भाषायां नित्यं णत्वम् । इत्यधिकः पाठः । A

९४. सर्वेषु पुस्तकेषु 'विवक्ष्' शब्दः तस्यैव च रूपाणि। किन्तु 'विश प्रवेशने' इत्यस्माद् धातोः सनि वेष्टुमिच्छतीति विग्रहे 'विविक्ष्' इति षकारान्तम् इकारद्वययुक्तं रूपम् । द्र. बालमनोरमा सिद्धान्तकौमुद्याम् (सू॰ ४३४)। A पुस्तकेऽपि विश प्रवेशने । सनि विवक्षति ततः क्विपि विवक्ष् (?) इत्येतादृशः पाठः । ed.

९५. दिधक्षति । दिधक् ग् । दह भस्मीकरणे दिधक्षौ इति अधिकः पाठः । D

९६. अधिकानि रूपाणि दीयन्ते । BD पुस्तकयोः । तथाहि- बभूवान् बभूवांसौ बभूवांसः बभूवांसम् बभूवांसौ बभूषः बभूषा बभूषे बभूवद्भ्याम् बभूवद्भिः ।

सुहिंस् सु सुलोपे । सुहिन् सुहिंसौ सुहिंसः सुहिन्भ्याम् । स्रंस् ध्वंस् क्विपि नलोपे दत्वे च (सू॰ २०५) । ध्वंत् द् ध्वंसौ ध्वंसः ध्वद्भ्याम् । स्रंसौ स्रंसः स्रद्भ्याम् ३ स्रत्सु । पुंस् सु ।

२६३. **पुंसोऽसुङ् ।**

सुटि अधोरुगिदचाम् (सू॰ २४७) नुम् दीर्घे च पुमान् पुमांसौ पुमांसः पुमांसम् पुमांसौ पुंसः पुम्भ्याम् पुम्भिः । हे पुमन् ! उशनस् सु । ऋवर्णो॰[९७] (सू॰ १५६) सु डा डित्वाट् टेः लोपः उशना उशनसौ उशनसः उशनोभ्याम् उशनस्सु । हे उशनस् सु ।

२६४. **उशनसो धौ नलोपो वा ।**

उशनसो न तस्य लोपो वा धौ । हे उशनन् ! नलोपे हे उशन ! हे उशनः ! एवं पुरुदंसा पुरुदंसौ पुरुदंसः पुरुदंशोभ्याम् ३ । अनेहस् अनेहा अनेहसौ अनेहसे अनेहोभ्यः २ अनेहस्सु । वेधाः वेधसौ वेधोभ्याम् ३ वेधस्सु वेधःसु । सुवस् । सुवाः सुवसौ सुवोभ्याम् ३ । पिण्डग्रस् पिण्डग्राः पिण्डग्रसौ पिण्डग्रोभ्याम् ३ पिण्डग्रसे । पिण्डग्रस्सु पिण्डग्रःसु । अदस् सु अत्व- पररूप- स- त्वाः ।

२६५. **सोरौ**[९८] **।**

वृद्धौ च असौ । दो मः उत्वं च अमू ।

२६६. **माद् बत्वे च ई**[९९] **।**

अमी अमुम् अमू अमून् । अमुना अमूभ्याम् अमीभिः । अमुष्मै अमूभ्याम् २ अमीभ्यः २ अमुष्मात्-द् अमुष्य अमुयोः २ अमीषाम् अमुष्मिन् अमीषु । साकच् कस्य तु वा[१००] । असुकः असुकौ असुके । अमुकः अमुकौ अमुके अमुकेभिः अमुकाभ्याम् अमुकेषु । सर्ववत् शेषम्[१०१] ।

॥ इति हलन्ताः पुँल्लिङ्गाः ॥

॥ अथ हलन्ताः स्त्रीलिङ्गाः ॥

२६७. **नहो धः ।**

झलि दान्ते च उपानत्-द् उपानहौ उपानहः । उपानद्भ्याम् । उपानत्सु हे

---

९७. 'सख्यृवर्ण......' इत्येवं सूत्रनिर्देशः BD पुस्तकयोः ।

९८. अदसः टे (रः) सोः औ स्यात् । अदस् टेः अ अद औ । इत्यधिकः पाठः । B टेरः वृद्धौ । D

९९. माद् बहुवचने उ ई स्यात्- इत्यधिकः पाठः । B

१००. तु वा मः । BD

१०१. समाप्ता हलन्ताः पुँल्लिङ्गाः । B

उपानत्-द् ! उष्णिह् कुत्वम् उष्णिक्-ग् उष्णिहौ (सू॰ २२८) कुत्वम् । उष्णिग्भ्याम् ३ उष्णिक्षु । दिव् द्यौः दिवौ दिवः । दिवा द्युभ्याम् ३ । द्युषु । हे द्यौः ! धोरिणोर्वि हलि दान्ते च (सू॰ २६०) । गीः गिरौ गिरः । गिरम् गिरौ गिरः । गिरा ३ गीर्भ्याम् ३ गीर्षु । एवं पूः पुरौ । पूर्भ्याम् ३ धूः धुरौ धुरा धुराम् धूर्षु । चतुर् शब्दस्य चतसृ बत्वान्तः। चतस्रः २ चतसृभिः । चतसृणाम् दीर्घो न । चतसृषु । हे चतस्रः ! किमः कः टाप् का के काः सर्वावत्[१०२] । इदम् । इयम् इमे इमाः । इमाम् इमे इमाः । अनया आभ्याम् ३ आभिः । अस्यै ४ । अस्याः ५/६ । अनयोः २ आसाम् अस्याम् आसु । अनूक्तौ । एनाम् । एने । एनाः । एनया । एनयोः २ । स्रज् स्रक् ग् स्रजौ । स्रक्षु । त्यदादिषु टेरत्वटापौ । सत्वम् । स्या त्ये त्याः त्याम् त्ये त्याः । सा ते ताः । या ये याः । एषा एते एताः । एनाम् एने एनाः एनया एतया एतयोः २ एनयोः २ त्यासु तासु यासु एतासु । वाच् वाक् ग् वाचौ वाचः वाग्भ्याम् ३ । वाक्षु । अप् शब्दः बत्वान्तः ।

२६८. **अपो भिः ।**

पस्य धः । आपः जसि । शसि अपः । नसब्नान्तमहतां दीर्घः सुटि[१०३] । अद्भिः अद्भ्यः २ अपाम् अप्सु । दिश् कुत्वसुलोपौ जश्त्वं च दिक्-ग् दिशौ दिशः दिग्भ्याम् ३ । दिक्षु । एवं दृक्-ग् दृशौ दृक्षु । त्विष् त्विट् ड् त्विषौ त्विषः त्विड्भ्याम्३ त्विट्सु त्सु । सह जुषते । सजूः । अक्ष् अस् तुस् (सू॰ २६१) । सजुषौ सजुषः सजूर्भ्याम् ३ । सजूष्षु सजूःषु । आशिष् । इसन्तत्वात् रङ् (सू॰ २६१) दीर्घलोपौ । आशीः आशिषौ आशिषः आशीर्भ्याम् ३ । आशीःषु-ष्षु । हे आशीः ! अदस् टेरत्वे टाप् । असौ अमू अमूः अमूम् अमू अमूः । अमुया अमूभ्याम् ३ । अमूभिः । अमुष्यै अमूभ्यः २ अमुष्याः २ । अमुयोः(२) अमूषाम् अमुष्याम् । अमूषु । एवं अमुकी असुकी नदीवत् ।

॥ इति हलन्ताः स्त्रीलिङ्गाः ॥

॥ अथ हलन्ताः क्लीबाः ॥

स्वनडुह् दत्वम् द् त्। स्वनडुही स्वनड्वांहि २ । स्वनडुद्भ्याम् । ३ । शेषं पुंवत् । विमला द्यौर्यस्मिन् अह्नि तत् विमलद्यु । विमलदिवी । 'उत्तरपदे चापदादिविधौ प्रत्ययलोपे प्रत्ययलक्षणं न' इति निषेधात् अतः उत्वम् न । विमलदिवि विमलद्युभ्याम् विमलद्युषु । अपदादिविधौ किम् दधिसेचौ । अत्र कुत्वं न ।

१०२. अधिकानि रूपाणि प्रदिर्शितानि BD पुस्तकयोः ।

१०३. नसब्नान्तमहतां दीर्घः इति सूत्रसंकेतो नास्ति D पुस्तके ।

चत्वारि २ । चतुर्भिः चतुर्भ्यः । चतुर्णाम् । चतुर्षु । हे चत्वारि ! वाः वारी वारि वारा वार्भ्याम् ३ वार्षु । किम्, अत्र क्तेर्लुक्त्वात् न क आदेशः के कानि २ पुंवत् । इदम् इमे इमानि २ पुंवत् । एनत् द् एने एनानि एनेन एनयोः पुंवत् । ब्रह्मन् । ब्रह्मणी ब्रह्माणि २ ब्रह्मणा । नात्र अल्लोपो मयोगात्[१०४] ।

२६९. **क्लीबे धौ नलोपो वा ।**

अहन् रङ्त्वसुलुकौ अहः । (सू॰ २६१) रङ् नस्य । अह्नी अहनी अहानि२ अह्ना अह्ने अहोभ्याम् ३ अहःसु हे अहः ! सुदण्डिन् । सुदण्डि सुदण्डिनी सुदण्डीनि २ सुदण्डिना । सर्वे इनन्ता एवं शेषं पुंवत् । असृज् । असृक् ग् असृजी असृञ्जि २ असृग्भ्याम् । असानि २ असृजः असन्[१०५] आदेशः शप्यचि । असृजा अस्ना अस्ने ४ । असृग्भ्याम् ३ । ऊर्क् ऊर्ग् उर्जी उर्न्जि । नरजाः संयुक्ताः ऊर्जा ऊर्ग्भ्याम् ।

बहूर्क् ग् बहूर्जी बहूर्ञ्जि । शसि । त्यत् द् । त्ये त्यानि । यत् द् ये यानि । तत् द् ते तानि । एतत् द् एते एतानि एनानि एनत् द् शेषं पुंवत् । वेभित् द्[१०६] वेभिदी वेभीदि चेच्छिदत् द् चेच्छिदी चेच्छीदि । गवाच् ।

गवाक् शब्दस्य रूपाणि क्लीबेऽर्चागतिभेदतः।
असन्ध्यवङ्पूर्वरूपैर्नवाधिकशतं मतम् ॥
स्वम् सुप् सु नव९ षड्६ भादौ षट्के स्युः त्रीणि जश्शसोः।
चत्वारि दशके शेषे रूपाणीति विभावय ॥

गोऽक्-ग् गोअक्-ग् गवाक्-ग् ६ गवाङ् ७ गोऽङ् ८ । गोअङ्९ । औ १ गोची । २ गोऽञ्ची । ३ गोअञ्ची । गवाञ्ची । गवाञ्चि । गोऽञ्चि गोअञ्चि २ । १ गोअग्भ्याम् । २ गोऽग्भ्याम् । ३ गवाग्भ्याम् । ३ । ४ गवाङ्भ्याम् ३ । ५ गोऽङ्भ्याम् । ६ गोअङ्भ्याम् ३ । टा १ गोचा । २ गोअञ्चा । ३ गवाञ्चा ४ गोऽञ्चा । सुपः १ गोऽक्षु २ गोअक्षु ३ गवाक्षु ४ गोऽङ्क्षु ५ गोअङ्क्षु ६ गवाङ्क्षु ७ गवाङ्ख्क्षु ८ गोऽङ्ख्क्षु ९ गोअङ्ख्क्षु[१०७] ।

---

१०४. मसंयोगाद् अलोपो न । ABD

१०५. A पुस्तकं विहाय सर्वत्र आसन् इत्येव आदेशो विधीयते ।

१०६. A पुस्तकं विहाय सर्वत्र 'विभित्' इत्येव शब्दः।

१०७. गवाक्छब्दस्य नवाधिकशतसंख्यकानि रूपाणि :

(क) स्वम्सुप्सु (सु+अम्+सुप्) नव	=३x९ = २७
(ख) षड् भादौ षट्के (भ्याम्(३) भिस्(१) भ्यस् (२))	=६x६ = ३६
(ग) त्रीणि जश्शसोः	=२x३ = ०६

→

तिर्यक् ग् तिरश्ची तिर्यञ्चि । पूजार्थे तिर्यङ् तिर्यञ्चि । यकृद् त् यकृती यकृन्ति । यकनादेशे यकानि । यक्ना यकृता । एवं शकृत् शकृती शकृन्ति शक्ना शकृता । ददत् ।

२७०. **वा क्लीबस्य ।**

नुम् शतुः शौ अनु. । ददत् ददती ददन्ति ददति । २ । शेषं पुंवत् ।

२७१. **आच्छीद्द्योः ।**

वा शतुश्च नुम् अनु. । तुदत् द् तुदती तुदन्ती तुदन्ति ।

२७२. **शप्श्यनोर्नित्यम् ।**

भवत् भवन्ती भवन्ति २ पचत् पचन्ती पचन्ति दिव्यत् दीव्यन्ती दीव्यन्ति । स्वप् स्वब् स्वपी स्वाम्पि २ प्रतिपदोक्तत्वात् स्वम्पि दीर्घाभावः । स्वद्भ्याम् स्वद्भिः स्वपे स्वप्सु । धनुष् उषन्तत्वाद् रङ् । धनुः धनुषी धनूंषि धनुर्भ्याम् । धनुषा अधुत्वान्न दीर्घः[१०८] । एवं चक्षुर्हविरादयः[१०९] । पिपठीः पिपठिषी पिपठींषि । पयः पयसी पयांसि पयोभ्याम् । सुपुम् सुपुंसी सुपुमांसि सुपुंसा सुपुम्भ्याम् । अदः अमू अमूनि २ ।

॥ अथ गौणप्रयोगा लिख्यन्ते ॥

प्रियत्रिः हरिवत् आमि प्रियत्रयाणाम् । प्रियाः तिस्रो भार्याः यस्य सः प्रियतिसा[११०] प्रियतिस्रौ प्रियतिस्रः प्रियतिस्रम् । ५ । ६ । प्रियतिसुः २ प्रियतिसृणाम् प्रियास्तिस्रो यस्य तत् कुलम् । प्रियतिसृ २ प्रियतिसृणी २ प्रियतिसृणि । २ । प्रियाः त्रयो नरो यस्याः सा प्रियत्रिः मतिवत्[१११] ।

→ (घ) चत्वारि दशके शेषे (औ, औट्, टा, ङे, ङसि, ङस्, ओस् २, ङि, आम्) =१०x४ = ४०

योग = १०९

जायन्ते नव सौ, तथामि च नव, भ्यांभिस्भ्यसां संगमे
षट्संख्यानि, नवैव सुप्यथ, जसि त्रीण्येव, तद्वच्छसि।
चत्वार्यन्यवचस्सु कस्य विबुधाः शब्दस्य रूपाणि तत्
जानन्तु प्रतिभास्ति चेन्निगदितुं षाण्मासिकोऽत्रावधिः।।
इति प्रश्नात्मकं पद्यं बालमनोरमायां दृश्यते। ed.

१०८. अधातुत्वान्न दीर्घः । ABD

१०९. B पुस्तके चक्षुष्- हविष्- शब्दयोः रूपाणि लभ्यन्ते।

११०. क्रोष्टृवत् (क्रोष्टा) । ed.

१११. प्रियाः त्रयः पुत्रा यस्या नार्याः सा प्रियत्रिः यतिवत् । B प्रियाः त्रयो नराः पुत्रा वा (कुलानि वा) यस्याः सा प्रियत्रिः मतिवत् । D

गुणनाभावोत्वनुड्भिः परत्वात् पुंसि बाध्यते ।
क्लीबे नुमा च स्त्री शब्दस्येयङ् इत्यवधार्यताम् ॥

प्रियाणि त्रीणि कुलानि वा प्रियास्त्रयो नरा यस्याः सा प्रियत्रिः । मतिवत् । आमि तु प्रियत्रयाणाम् । स्त्रियम् अतिक्रान्तो यो नरः सः । अतिस्त्रिः । अतिस्त्रियौ अतिस्त्रियः । धौ हे अतिस्त्रि ! हे अतिस्त्रियौ ! हे अतिस्त्रियः ! वाऽमि शसि च । अतिस्त्रियम् अतिस्त्रिम् अतिस्त्रियः अतिस्त्रीम् अतिस्त्रिणा ३ अतिस्त्रिभ्याम् ३ अतिस्त्रिभिः अतिस्त्रिभ्यः २ । ङे तु गुणो अतिस्त्रये । अतिस्त्रेः । अतिस्त्रियोः २ अतिस्त्रीणाम् ६ अतिस्त्रौ ७ ।

ओस्यौकारे च नित्यं स्यात् अम्शसोस्तु विभाषया ।
इयादेशोऽचि नान्यत्र स्त्रियाः पुंस्युपसर्ज्जने ॥

नपुंसके नुम् । अतिस्त्रि । अतिस्त्रिणी अतिस्त्रीणि । अतिस्त्रिणा ३ । अतिस्त्रिणे अतिस्त्रिये ४ । अतिस्त्रिणः २ अतिस्त्रेः २ । अतिस्त्रिणोः २ । अतिस्त्रियोः २ । स्त्रियम् अतिक्रान्ता वर्तते या साऽपि अतिस्त्री । अतिस्त्रियौ प्रायेण स्त्रीवत् । शसि अतिस्त्रीः[११२] । टा अतिस्त्रिया । एवं प्रियाश्चतस्रो भार्या यस्य सः प्रियचतसा । प्रियचतस्रौ प्रियचतस्रः । अमि प्रियचतस्रम् । प्रियचतस्रा ३ प्रियचतस्रे ४ प्रियचतसुः २, ५/६ । प्रियचतसृणाम् ६ प्रियचतस्रि ७ प्रियचतस्रोः प्रियचतसृषु हे प्रियचतसः[११३] !

॥ अथ युष्मदस्मदोर्विशेषः ॥

समस्यमाने त्वेकत्ववाचिनौ युष्मदस्मदौ[११४] ।
समासार्थोऽन्यसंख्यश्चेत् स्तो युवावौ त्वमावपि ॥१॥
सु जस् ङे ङस्सु परत आदेशाः स्युः सदैव ते ।
त्वा हौ यूयवयौ तुभ्यमह्यौ तव ममावपि ॥२॥
एते परत्वाद् बाधन्ते युवावौ विषये स्वके ।
त्वमावपि प्रबाधन्ते[११५] पूर्वविप्रतिषेधतः ॥३॥
द्व्येकसंख्यः समासार्थो बह्वर्थे युष्मदस्मदी ।
तयोरेव द्व्येकार्थत्वात् न युवावौ त्वमौ न च ॥४॥

---

११२. स्त्रीवत् उभयोः स्त्रीत्वात् । BD

११३. इत ऊर्ध्वं 'स्त्रियमतिक्रान्तो यो नरः सोऽतिस्त्रिः इत्यारभ्य' स्त्रियम् अतिक्रान्ता वर्तते या सापि अतिस्त्री' इति पाठः पुनरावृत्तो दृश्यते सर्वेष्वपि पुस्तकेषु । ed.

११४. समस्यमाने द्व्येकवाचिनी युष्मदस्यदी । इति सिद्धान्तकौमुदी । ed.

११५. प्रबाधेते । BD

त्वाम् अतिक्रात इति विग्रहे अतित्वम् अतित्वाम् अतियूयम् । १ । अतित्वाम् । अतित्वाम् अमि औटि च समानम् । अतित्वान् । शसि । २ । अतित्वया अतित्वाभ्याम् ३ । अतित्वाभिः ३ । अतितुभ्यम् । अतित्वभ्यम् ४ । ङसिभ्यसोः अतित्वत् २ अतित्वाभ्याम् । ५ । अतितव । अतित्वयोः । अतित्वाकम् ६ । अतित्वयि । अतित्वयोः। अतित्वासु ७ । अस्मदः । अत्यहम् १ । अतिमाम् २ अतिवयम् ३/१ । अतिमाम् २ । अतिमान् ३ । २ । अतिमया १ अतिमाभ्याम् २ । अतिमाभिः । ३ । अतिमह्यम् । १ । अतिमाभ्याम् २ । अतिमभ्यम् । ४ । ङसिभ्यसोः अतिमत् अतिमाभ्याम् । ५ । अतिमम अतिमयोः अतिमाकम् ६ । अतिमयि । अतिमयोः अतिमासु ७ । युवाम् आवां वा अतिक्रात इति विग्रहे अतित्वम् अत्यहम् अतियुवाम् अत्यावाम् । अतिवयम् । अतियूयम् । अतियुवाम् १ । अत्यावाम् । अमि औटि अतियुवाम् अत्यावाम् समम् । अतियुवान् । अत्यावान् । शसि २ । अतियुवया अत्यावया अतियुवाभ्याम् । अत्यावाभ्याम् । अतियुवाभिः अत्यावाभिः ३ । अतितुभ्यम्। अतिमह्यम् । अतियुवाभ्याम् अत्यावाभ्याम् । अतियुवभ्यम् । अत्यावभ्यम् ४ । अतियुवत् अत्यात्रत् । अतियुवाभ्याम् । अत्यावाभ्याम् ५ । अतितव । अतिमम । अतियुवयोः अत्यावयोः । अतियुवाकम् । अत्यावाकम् ६ । अतियुवयि अत्यावयि । अतियुवयोः अत्यावयोः । अतियुवासु । अत्यावासु ७ । युष्मान् अस्मान् वाऽतिक्रान्तो वर्तते । अतित्वम् अत्यहम् सु जस् ङे ङस्सु प्राग्वत् । अतियुष्माम् अत्यस्माम् । अतियूयम् । अतिवयम् । १ । अतियुष्मान् । २ । अत्यस्मान् । २ । अतियुष्मया अत्यस्मया अतियुष्माभ्याम् अत्यावाभ्याम् । अतियुष्माभिः । ३ । अत्यस्माभिः अतितुभ्यम् अतिमह्यम् पूर्ववत् । अतियुष्मभ्यम् अत्यस्मभ्यम् । ४ । अतियुष्मत् । अत्यस्मत् पूर्ववत् अतितव अतिमम । अतियुष्मयोः अत्यस्मयोः अतियुष्माकम् अत्यस्मकाम् । ६ । अतियुष्मयि अत्यस्मयि । ओसि पूर्ववत् । अतियुष्मासु अत्यस्मासु । अन्येऽपि समासार्थानुसारेण शब्दास्त्रिलिङ्गेषु भवन्ति ।

॥ इति षड्लिङ्गप्रकरणम् ॥

।। अथाव्ययानि ।।

प्रादिसर्गाः २२ द्वाविंशसंख्याकाः ।

२७३. **चाऽऽदिनिपाताश्चाव्ययानि**[११६] ।

क्त्वा क्यप् तुम् णम् च्वि डा धा वतु अम् आम् कृत्वस् शस् एच् तोसुन् कसुन् मात्रमव्ययम् । विभक्तिरूपस्वराश्चापि अव्ययम् । अव्ययीभावसमासश्च ।

२७४. **नाव्ययाद् टाप् क्ति**[११७] ।

२७५. **वाऽवाप्योरतः** ।

लोपः अतः । अवगाहः वगाहः अपिधानम् पिधानम् । च वा ह अह एव एवं नूनम् इत्थं इव नो न नाना ऋते विना वृथा मिथ्या मिथस् चंगा खोटा अच्छा चादिराकृतिगणः[११८] । इति ।

।। इति अव्ययप्रकरणम् ।।

---

११६. अव्ययसंज्ञकाः । BD

११७. क्तिटापौ । DB पुस्तके नास्ति सूत्रमिदम् ।

११८. अत्र अव्ययपरिगणनं सर्वत्र अव्यस्थितरूपेण विस्तृतमविस्तृतं च लभ्यते । ed.

॥ अथ स्त्रीप्रत्ययाधिकारः ॥

२७६. **स्त्रियाम् ।**

२७७. **अजाद्यतष्टाप् ।**

प् स्वरार्थः टो भेदकः । अजा क्रुञ्चा कोकिला[११९] एडका अश्वा चटका मूषिका इत्यादिषु जातिप्रत्ययो यथा न स्यात्। बाला वत्सा होढा। अत्र वयोऽर्थे ङीष् न ।

२७८. **संभस्त्राऽजिनशणपिण्डेभ्यः फलात् ।**

टाप् । संफला भ्रस्त्रफला निपातेन ह्रस्वः[१२०] । शणफला पिण्डफला ।

२७९. **सदचकाण्डप्रान्तशतैकेभ्यः पुष्पात् ।**

टाप् । सत्पुष्पा । प्राक्पुष्पा । प्रत्यक्पुष्पा । (काण्डपुष्पा) । प्रान्तपुष्पा । शतपुष्पा । एकपुष्पा ।

२८०. **अमहज्जातौ शूद्रा ।**

पुंयोगे तु शूद्री । अमहत् किम् महाशूद्री । उष्णिहा देवविशा ज्येष्ठा कनिष्ठा मध्यमा अमूला दंष्ट्रा ।

२८१. **ऋन्नन्तोगिद्भ्यो ङीप् ।**

कर्त्री हर्त्री दण्डिनी उगित् भवन्ती दीव्यन्ती पचन्ती । धुषूगित् कार्यम् अञ्चतेरेव[१२१] । धुत्वात् उखास्रत् पर्णध्वत् । अञ्चतेस्तु प्राची उदीची प्रतीची ।

२८२. **अहश्पूर्ववनोरङ् च बहुव्रीहौ वा ।**

वन् इति क्वनिप्वनिपादीनाम् बोधकः । एतदन्तानां नो रङ् ङीप् च । सुत्वानमतिक्रान्ता अतिसुत्वरी । अतिधीवरी । शर्वरी । हश् प्रत्याहारः । हश् किम् अतिलेह्वनी । अतिनश्वनी । ओणृ अपनयने । क्वनिपि । आवावा ओ न् आ अवादेशः वन् दीर्घः अवावा ब्राह्मणी । राजयुध्वा । बहवो धीवानो यस्यां नगर्यां सा बहुधीवरी । विकल्पेन बहुधीवा । बहुधीवानौ बहुधीवानः । शसि बहुधीव्नः । पक्षे औङि बहुधीवे बहुधीवाम् । टापि अमि रूपम् ।

२८३. **अनृचि पादो वा ।**

ङीप् । द्विपदी । द्विपात् । ऋचि तु टाप् । एकपदा द्विपदा ऋक् ।

२८४. **न मन्बहुव्रीहिनन्ताभ्याम् ।**

---

११९. बाला वत्सा- इत्यधिकः पाठः । BD

१२०. ''ङ्यापोः संज्ञाच्छन्दसोर्बहुलम्'' (अष्टा०६.३.६३) इति पाणिनीयाः । द्र. सिद्धान्तकौमुदी (सूत्रसंख्या ४५४), तत्र बालमनोरमा च । ed.

१२१. नान्यस्य धातोः- इत्यधिकः पाठः । BD धुषूगित्कार्यम्- धुषु= धातुषु इत्यर्थः । ed.

ङीप् न । मन् सीमा सीमानौ सीमानः । बहुव्रीहौ बहवो यज्वानो यस्यां नगर्यां सा बहुयज्वा नगरी । बहुयज्वानौ बहुयज्वानः । शसि बहुयज्वनः ।

२८५. **मन् न् भ्यां वा डाप् ।**

डित्त्वाट्टिलोपः । दामा दामे सीमा सीमे सीमानौ दामानौ वा बहुयज्वा बहुयज्वे । टा बहुयज्वया बहुयज्वानम् वा ।

२८६. **असंज्ञाछन्दसोर्धालोप्यनो वा ।**

ङीप् वा । उपधालोपे सति बहुराजनि । बहुराज्ञि । बहुराजा । बहुराजानौ । बहुराजानः । असंज्ञेति किम् । सुराज्ञी नगरी वेदे शतमूर्द्धनी[१२२] ।

२८७. **अत्यकन् यत् तत् क्षिपकादेरत इद् अनुत्तरपदलोपे कापि त्ये ।**

सर्विका कारिका पाचिका पाठिका । अतः किम् नौका । त्ये किम् शका । कापि किम् नन्दना । तपरः किम् राका । यका । सका । आशिषि भवका जीवका ।

२८८. **मामक- नरक- त्यक्- त्ययोश्च ।**

इत् मामिका । नरान् कायति नारिका । दाक्षिणात्यिका इहत्यिका । अनुपदे किम् । देवदत्तिका देवका । अत्र दत्तलोपे न इत् । त्यक्नन्तत्वे नात इत् अधित्यका उपत्यका । क्षिपका ध्रुवका चटका तारका वर्णका वर्तका अष्टका कन्यका क्षिपकादिराकृतिगणः ।

२८९. **ज्योतिः तन्तु शकुनि पितृदेवार्थेषु[१२३] ।**

तारिका वर्णिका वर्तिका अष्टिका ।

२९०. **वाऽञ्पूर्वाणां भस्त्रैषाऽजा ज्ञा द्वा स्वा सूतकापुत्रिकावृन्दारकाणाम् ।**

वा इत् । सूतका सूतिका । पुत्रिका पुत्रका । वृन्दारिका वृन्दारका । भस्त्रिका भस्त्रका । निर्भस्त्रिका निर्भस्त्रका । एषका एषिका । एतिका एनिका रमावत् । अजका अजिका[१२४] । द्वका द्विका । निःस्वका निःस्विका ।

२९१. **यकपूर्वस्य स्त्र्याऽऽतो वा ।**

२९२. **केऽणो ह्रः ।**

कपरे अण् ह्रस्वः । आर्य्यका आर्य्यिका । चटकका चटकिका । आतः किम्। साङ्काश्ये भवा साङ्काश्यिका । यकेति किम् । अश्विका । स्त्र्यातः किम् शुभं याति

---

१२२. शसि वसंयोगाद् न अलोपः बहुयज्वनः । BD इत ऊर्ध्वं D पुस्तकं न लभ्यते । ed.

१२३. इत् भवेत्- इत्यधिकः पाठः । B अत्र तारिका वर्णिका इत्याद्युदाहरणेषु इत्त्वं पाणिनिविरुद्धम् । ed. तारका-वर्णका-अष्टका ज्योतिस्तान्तवपितृदेवत्ये ।। हेमशब्दानुशासनम् २.४.११३ तारकादयः शब्दा यथासंख्यं ज्योतिरादिष्वर्थेषु इकारादेशरहिता निपात्यन्ते । इति तत्र वृत्तिः । ed.

१२४. उदाहरणेषु 'ज्ञा' इत्यस्य 'ज्ञका,ज्ञिका' इत्युदाहरणद्वयं नास्ति । ed.

शुभंया । सुपाकिका सुनयिका निर्भस्त्रिका ।

२९३. **अबहुव्रीह्यनुक्तपुंस्काश्च ।**

आत इ वा अनु० । गङ्गिका गङ्गका । उक्तपुंस्कात् शुभ्रिका । बहुव्रीहौ अज्ञाता खट्वा यया सा अखट्विका । शेषार्थके नित्यम् ।

॥ अथाऽनुपसर्जनाधिकारः ॥

२९४. **ञिण्ट्त्ढद्वयसज्दघ्नञ्मात्रच् तयप् ठक् क्वरप् कक्ख्युनः**[१२५] ।

अतः ङीप् अनु. । ञितः औत्सी औदपानी । णितः कुम्भकारी । नगरकारी औपगवी चौरी तापसी दाण्डी । मौष्टी । टितः कुरुचरी मद्रचरी । ढ सौपर्णेयी । वैनतेयी । द्वयसज् उरुद्वयसी । जानुद्वयसी । दघ्नच् उरुदघ्नी । (मात्रच्) उरुमात्री बाहुमात्री । तयप् दशतयी पञ्चतयी । ठक् आक्षिकी शालाकिकी । क्वरप् इत्वरी नश्वरी । ख्युन् आढ्यंकरणी बुद्धिंकरणी । स्त्रैणी पौंस्नी । शाक्तिकी याष्टिकी तरुणी तलुनी। अ इ इति छेदः ।

२९५. **एलोपः ।**

भस्य तद्धितप्रत्यये परे । इति सूत्रेण सर्वत्र अ- इ- लोपे सिद्धिः ।

२९८. **हलोऽपत्ययस्याऽनति क्यच् क्विषु ।**

लोप उपधा अनु. । यलोपे गार्गी । अपत्यस्य किम् । द्वीपे भवा द्वीप्या । प्राग्दीव्यतीये देवस्य अपत्यं दैव्या[१२६] ।

२९७. **यञः ष्फः ।**

तद्धितः।

२९८. **त्यादि १ठ २फ ३ढ ४ख ५छ ६घामिक्१ आयन्२ एय्३ इन्४ ईय्५ इयः६ ।**

क्रमात् स्युः । ष्फः गार्ग्यायणी । षित्त्वात् 'बहुव्रीह्यूधस्षिद्गौरादेः ङीष्' (सू. ३१२) इति ङीष् वा ।

२९९ **नित्यं यञन्तलोहितादिकतन्तकुरुमण्डूकाऽसुरेभ्यश्च ।**

ष्फः स्यात । लोहित्यायनी सांशित्यायनी बाभ्रव्यायणी कात्यायनी । कौरव्यायणी । माण्डूकायनी । आसुरायणी ।

३००. **अतोऽवृद्धवयसो द्विगोश्च ङीप् ।**

कुमारी वधूटी चिरण्टी । अतः किम् शिशुः कन्या । अवृद्धेति किम् । वृद्धा कन्या ।

---

१२५. .....क्वरप् नञ् स्नञ् कक् ख्युँस्तरुणतलुनात् । A

१२६. अपत्यं नास्ति । B

द्विगोः त्रिलोकी । अजादित्वात् त्रिफला त्र्यनिका सेना इत्यादौ न ।

३०१. **तलुकि नाऽपरिमाणविस्ताऽचितकम्बलक्षेत्रकाण्डेभ्यः ।**

न ङीप् द्विगौ अनु. । पञ्चभिरश्वैः क्रीता पञ्चाश्वा द्विविस्ता द्व्यचिता द्विकम्बला । द्वे काण्डे परिमाणमस्याः द्विकाण्डा क्षेत्रविभक्तिः विभागः । क्षेत्रकाण्डं किम् । द्विकाण्डी रज्जुः । परिमाणान्तात् तु द्व्याढकी । तलुकि किम् । संहृतौ[१२७] पञ्चाश्वी ।

३०२. **परिमाणे पुरुषाद्वा ।**

द्विपुरुषा द्विपुरुषी परिखा[१२८] ।

३०३. **१केवल २मामक ३भागधेय ४पापा ५ऽपर ६समाना ७ऽऽर्याकृत ८ सुमङ्गल ९भेषजात् वैदिके ।**

ङीप् । संज्ञायाम् । केवली मामकी भागधेयी पापी अपरी समानी आर्य्याकृती सुमङ्गली भेषजी । असंज्ञायां किम् मामिका ।

३०४. **अन्तर्वत्पतिवतोर्नुक् पत्युर्नयज्ञसंयोगे ।**

अन्तर्वत्नी । पतिवत्नी । पत्नी पतिकृतयज्ञस्य फलभोक्त्री ।

३०५. **सपूर्वपदाद्वा ।**

गृहपती ? (गृहपतिः) गृहपत्नी दृढपती ? (दृढपतिः) पत्नी वा वृषलपत्नी ।

३०६. **सपत्न्यादयो निपात्याः ।**

समानः पतिः यस्याः सपत्नी । एकपत्नी समानपत्नी वीरपत्नी भ्रातृपत्नी पुत्रपत्नी । पूतक्रतायी ।

३०७. **वृषाकप्यग्निकुसितकुसीदा[१२९] नामुदात्त ऐ ।**

वृषाकपायी लक्ष्मीः उमा च । अग्नायी कुसितायी । कुसीदायी[१२९] ।

३०८. **मनोरौ वर्णवाच्यनुदात्ताद्वा तोपधस्य न ।**

मनावी मनायी । एनी एता । लोहितायनी लोहिता । रोहिणी रोहिता । अनुदात्तात् किम् श्वेता । अतः किम् शितिः स्त्री पिशङ्गी पिशङ्गा असिता पलिता । असिक्नी । पलिक्नी ।

---

१२७. संहृतौ=समाहारे इत्यर्थः । ed.

१२८. इत ऊर्ध्वं A पुस्तकस्य पाठः क्वचित् संकुचितः प्राप्यते । ed.

१२९. सूत्रस्य मुखे 'पूतक्रतु' इत्यस्यापि परिगणनमिष्यते । कुसीद इत्यत्र दीर्घ ईकारश्चिन्त्यः, 'कुसिदशब्दो ह्रस्वमध्यो न तु दीर्घमध्यः, इति सिद्धान्तकौमुदी (सूत्रसंख्या ४९४) । किन्तु चान्द्रव्याकरणे पूतक्रतुवृषाकप्यग्निकुत्सितकुसीदानामै च (२.३.४५) इति सूत्रे दीर्घ एव ईकारः । कुसीदं वृद्धिजीविका। इत्यमरः २.९.४ ed.

३०९. **संख्याव्ययादूधसोदामहायनान्ताच्च ।**

ङीप् । ऊधस् ऊधन् स्त्रियाम् । त्र्यूध्नी । अत्यूध्नी । द्विदाम्नी द्विहायनी ।

३१०. **वयोवाचकत्रिचतुर्भ्यां हायनस्य णत्वं ङीप् च ।**

त्रिहायणी शाला त्रिहायणी कन्या[१३०] ।

३११. **शेषवर्णार्थतोपधाभ्यश्च ।**

कल्माषी ।

॥ अथ ङीष्प्रकरणम् ॥

३१२. **बहुव्रीह्यूधस्षिद्गौरादेः ङीष् ।**

घटोध्नी कुण्डोध्नी गौरी नर्तकी ।

३१३. **अनडुह आम् वा स्त्रियाम्[१३१] ।**

अनड्वाही अनडुही ।

३१४. **सूर्यतिष्यागस्त्यमत्स्यानां यलोपश्च ।**

मत्स्यस्य ङीषि । सूर्यागस्त्ययोश्छङीषोः । तिष्यपुष्ययोः नक्षत्राणि परे यलोपः । मत्सी सौरी तिषी अगस्ती षित्वलक्षणङीषोऽनित्यत्वात् क्वचिन्न दंष्ट्रा ।

३१५. **१जानपद २कुण्ड ३गोण ४स्थल ५भाज ६नाग ७काल 8नील ९कुश १०कामुक ११कैबरेभ्यो १वृत्ति २पात्र 3बोरी ४कृता ५श्राण ६स्थौल्य ७वर्णा ८ऽनाच्छादना ९ऽयोविकार १०मैथुनेच्छा ११केशवेशेषु[१३२] ।**

जानपदी आजीविका । जानपदा । कुण्डी पात्रार्थे । कुण्डा । गोणी वोरी, गोणा । स्थली अकृत्रिमा । स्थला । भाजी पक्वार्थे । भाजा । नागी स्थूलार्था । काली वर्णार्था । नागा काला । नीली अनाच्छादितार्थे । नीला । लोहविकारे कुशी । कुशा । मैथुनेच्छुः कामुकी । कामुका । कबरी केशविन्यासे । कबरा शिवत्रा[१३३]। नील्या औषधीः । नीली संज्ञायां वा । नीला नीली वा शोणी शोणा वा ।

३१६. **अखरुसंयोगोपधगुणवाच्युतो वा[१३४] ।**

ङीष् । मृद्वी मृदुः साध्वी साधुः । खरुः पतिंवरा कन्या । पाण्डूः अत्र न ।

---

१३०. त्रिहायनी शाला त्रिहायनी कन्या । C

१३१. आमनडुहः स्त्रियां वा । A

१३२. जनपद... गौण....मैथुन...वेशार्थेषु । BC

१३३. चित्रा । A

१३४. ....वाचिन उतो वा । A

गुणलक्षणम्

द्रव्ये निविशतेऽपैति पृथग्जातिषु दृश्यते।
आधेयश्चाऽक्रियाजश्च सोऽद्रव्यप्रकृतिर्गुणः॥[१३५]

गुणवाचीति किम् आखुः। असंयोगोपध किम् पाण्डुः।

३१७. **बह्वादेरक्तिनः कृदिकाराद् च वा।**

ङीष्। बह्वी बहुः बाह्वी। रात्रिः रात्री। शकटी शकटिः। पद्धतिः पद्धती। अक्तिन् किम् भृतिः।

३१८. **अपालकान्तात् पत्न्यर्थे।**

ङीष्। गोपस्य स्त्री गोपी। ब्राह्मणी नटी। अपालकान्तात् किम् गोपालिका।

३१९. **सूर्य्यदेवार्थे टाप्।**

सूर्यस्य स्त्री देवता वा सूर्य्या। देवार्थे किम् सूरी कुन्ती मानुषी।

३२०. **इन्द्रवरुणभवशर्वरुद्रमृडहिमब्रह्मारण्ययवयवनमातुलाऽऽचार्याणामानुक्।**

ङीष् च। इन्द्रस्य स्त्री इन्द्राणी। भवानी। हिमारण्ययोराधिक्ये महद् हिमं हिमानी। महदरण्यम् अरण्यानी। यवाद् दोषे यवानी। यवनाल्लिप्यां यवनानी। मातुलोपाध्याययोर्वाऽनुक् मातुलानी। मातुली उपाध्यायानी उपाध्यायी। या तु स्वयमेवाध्यापयति सा उपाध्याया उपाध्यायी वा। आचार्यान्न णत्वम्[१३६] आचार्यानी पुंयोगे। आचार्य्या आर्य्या स्वामिनी वैश्या च आर्य्याणी क्षत्रियाणी। पुंयोगे तु आर्यी क्षत्रियी[१३७]। ब्रह्माणमानयति सा ब्रह्माणी।

३२१. **करणपूर्वक्रीताऽल्पार्थक्ताच्च।**

ङीष्। अश्वक्रीती, क्वचिन्न धनक्रीता वस्त्रक्रीती[१३८]। अभ्रलिप्ती द्यौः अल्पमेघा।

३२२. **अजातान्तजातिपूर्वान्तोदात्तबहुव्रीहौ क्तान्ताऽतः।**

ङीष्। जातिकालसुखादिभ्यो निष्ठा परा वाच्या[१३९]। उरुभिन्नी। अजातान्त किम्। दन्तजाता। बहुनञ्कालसुखादिपूर्वान्न। बहुकृता अदन्तजाता मासजाता संवत्सरजाता सुखजाता दुःखजाता।

३२३. **पाणिगृहीती पत्न्याम्।**

---

१३५. श्लोकोऽयं सिद्धान्तकौमुदीगतबालमनोरमायामपि दृश्यते। तत्र 'द्रव्यं' इत्यस्य स्थाने 'सत्त्वं' इति पाठः। द्र. सिद्धान्तकौमुदी (सूत्रसंख्या ५०२) ed.

१३६. इतः पर A पुस्तकं नैव उपलभ्यते। ed.

१३७. एवं देवरस्य स्त्री देवराणी ज्येष्ठस्य ज्येष्ठानी (णी?)इत्यधिकः पाठः–B

१३८. अश्वक्रीती इत्यादिकमुदाहरणत्रयं नास्ति। B

१३९. B पुस्तके पंक्तिरियं सूत्ररूपेण अंकिता दृश्यते। ed.

अन्या पाणिगृहीता[१४०] ।

३२४. **अस्वाङ्गपूर्वपदाद् संयोगोपधोपसर्जनस्वाङ्गाद्वा ।**

ङीष् । सुरापीती सुरापीता । अन्तोदात्तात् किम् वस्त्राच्छन्ना । अनाच्छादने क्तस्य नोदात्तत्वम् । स्वाङ्गे चन्द्रमुखी चन्द्रमुखा । असंयोगोपधात् किम् सुगुल्फा । उपसर्जनात् किम् शिखा । स्वाङ्गलक्षणम्

अद्रवं मूर्तिमत् स्वाङ्गं प्राणिस्थमविकारजम् ।
जीवस्थमन्यदृष्टं यत् जीववत् प्रतिमास्थितम्[१४१] ॥

द्रवत्वात् सुस्वेदा । अमूर्तित्वात् सुज्ञाना । अप्राणित्वात् सुमुखा शाला । विकारजत्वात् सुशोफा । जीवस्थमन्यदृष्टं च, जीववत् प्रतिमास्थितम् । सुकेशी सुकेशा रथ्या, सुस्तनी सुस्तना वा प्रतिमा ।

३२५. **उपमानात् पक्षपुछाभ्यां नित्यम् ।**

ङीष् । उलूकपक्षी उलूकपुच्छी । सुपुच्छी ।

३२६. **वाहसख्यशिशुपुच्छान्तकबरमणिविषशरेभ्यः ।**

नित्यम् अनु. । दित्यौही । पञ्चौही । सखी । अशिश्वी । कबरं चित्रं पुच्छं यस्याः कबरपुच्छी मयूरी । मणिपुच्छी गौः । विषपुच्छी वृश्चिकी । शरपुच्छी नक्रविशेषः ।

३२७. **नासिकोदरौष्ठजङ्घादन्तकर्णशृङ्गायुक्तगौणोपधस्याङ्गाद्वा ।**

सुनासिकी-का । तिलोदरी-रा । बिम्बौष्ठी-ष्ठा । दीर्घजङ्घी-घा । समदन्ती-न्ता । चारुकर्णी-र्णा । तीक्ष्णशृङ्गी-ङ्गा । चन्द्रमुखी-खा । अयुक्तात् किम् सुपार्श्वा । सुगुल्फा । मृद्वङ्गी-ङ्गा । सुगात्री-त्रा । स्निग्धकण्ठी-ण्ठा ।

३२८. **क्रोडादिसहनञ्विद्यमानपूर्वसंज्ञायां नखमुखबह्वच्भ्यो न ।**

ङीष् । कल्याणक्रोडा । क्रोडादिराकृतिगणः । सकेशा अकेशा विद्यमाननासिका । शूर्पणखा गौरमुखा अङ्गलिया (?) सुजघना । असंज्ञायाम् किम् ताम्रमुखी कन्या ।

३२९. **अस्त्रीजात्ययोपधहयगवयमुकयमनुष्यमत्स्येभ्यश्च ।**

ङीष् । जातिलक्षणम्

आकृतिग्रहणाज्जातिः लिङ्गानां च न सर्वभाक् ।
सकृदाख्यातनिर्ग्राह्या गोत्रं च चरणैः सह ॥

तटी । आख्यातनिर्ग्राह्या किम् । देवदत्ता । अपत्यान्तशाखापाठिशब्दौ जातिकार्यं

---

१४०. पाणिगृहीती अन्या पाणिगृहीता- इत्यधिकः पाठः । B

१४१. श्लोकोऽयं सिद्धान्तकौमुद्यामपि प्राप्यते। तत्र पद्योत्तरार्द्धे पाठभेदः । चान्द्रव्याकरणे (२.३.६१) वृत्तिभागेऽपि एतादृशः श्लोको विद्यते । ed.

लभेते । औपगवीं कठी बह्वृची । ब्राह्मणी ङीनन्तः । जातेः किम् मुण्डा अस्त्री बलाका मक्षिका । अयोपध किम् क्षत्रिया वैश्या ।

३३०. **पाककर्णपर्णपुष्पफलवालमूलान्ताच्च ।**

पदात् अनु. ङीष् । ओदनपाकी । शङ्कुकर्णी शालपर्णी पृष्ठपर्णी शङ्खपुष्पी दासीफली गोवाली दर्भमूली ओषधयः ।

३३१. **इतो नृजातेरिञश्च ।**

ङीष् नाम्नः अनु. । अवन्ती कुन्ती दाक्षी प्लाक्षी । इतो नृजातेः किम् विट् हरत् तित्तिरिः औदपेयी । इञ्जातौ किम्[१४२] सौतङ्गमी मौनचिती ।

३३२. **अरज्ज्वादिप्राण्युत्संज्ञार्थबाहुभ्यामूङ् ।**

नृ जाति योपध अनु. कुरूः । ब्रह्मवधूः । वीरवधूः । योपध नृ जाति किम् । अध्वर्युः ब्राह्मणी । अरज्ज्वा किम् रज्जुः हनुः । अप्राणी । अलाबूः कर्कन्धूः । प्राणिजाति किम् कृकवाकुः । भद्रबाहूः जालबाहूः । संज्ञार्थं किम् वृत्तबाहुः ।

३३३. **पङ्गूः श्वश्रूः निपात्यौ ।**

३३४. **सहाद्युपमानाभ्यामुरोः[१४३] ।**

ऊङ् । १सह २सहित ३संहित ४शफ ५लक्षण ६वाम इमे षड् सहादयः । सहोरूः सहितोरूः (संहितोरूः) शफोरूः उपमार्थे करभोरूः शुण्डोरूः इत्यादि ।

३३५. **कद्रूकमण्डलू वेदसंज्ञयोः ।**

कद्रूः नागमाता । कमण्डलूः कृमिजातिः[१४४] ।

३३६. **शार्ङ्गरवादियञ्भ्यो ङीन् ।**

जात्यर्थङीषो बाधको जात्यर्थत्वात् । न पुँल्लक्षणङीष् । शार्ङ्गरवी । कापटकी। वैदी । शार्ङ्गरवादिर्गणः ।

३३७. **नृनरयोर्वृश्च ।**

नृ नर नारी ।

३३८. **ष्यावट्ययङ्भ्यश्चाप् ।**

पौतिमाष्या आम्बष्ठ्या कारिषगन्ध्या । आवट्या ।

३३९. **यूनस्तिः ।**

युवतिः ।

॥ इति स्त्रीप्रत्ययाः ॥

---

१४२. विट् इत्यारभ्य किम्पर्यन्तं पाठो नास्ति । B

१४३. सहाद्युपमानाभ्यामूङ् । A

१४४. कमण्डलूरिति कस्यचिन्मृगस्य संज्ञा- इति सिद्धान्तकौमुद्यां (सू. ५२६) बालमनोरमा । ed.

॥ अथ कारकाणि ॥

कर्त्ता कर्म करणं च सम्प्रदानं तथैव च ।
अपादानाधिकरणमित्याहुः कारकाणि षट् ॥

३४०. **सम्बुद्धिनामोक्तार्थे प्री * ।**

सम्बोधने हे राम ! नामार्थाः स्वार्थ-द्रव्य-लिङ्ग-संख्या-कारक-पञ्चको नामार्थः। तत्र प्री । स्वार्थे उच्चैः नीचैः । द्रव्ये रामः श्रीः ब्रह्म । लीनम् अर्थं[१४५] गमयति इति लिङ्गम् । तटः तटी तटम् । संख्यायाम् एकः द्वौ बहवः । उक्तार्थे कुलालो घटं करोति[१४६] ।

यस्मिन्नर्थे विधीयन्ते त्यादितव्यादितद्धिताः।
समासो वा भवेद्यत्र स उक्तः प्रथमा ततः॥

इति प्री[१४७] ।

क्रियया निष्पाद्यते यत् तत् कर्म । यद्वा कर्तृव्यापारेण यत् साध्यते तदयुक्तमपि च कर्म । कारकं च क्रियां यद् निवर्तयति तत्, तानि वा । सम्बन्धस्य क्रियाकरणेऽसमर्थात् न कारकत्वम् ।

३४१. **कर्त्तुरुद्देश्यं वा कर्म ।**

तत्र द्वि । यथा ओदनं पचति ।

दुहियाचिपचिदण्डिरुधिप्रच्छि द्विकर्मकाः ।
चिब्रूशास्जिमन्थमुषश्च नीहृकृषिवहः[१४८] ॥

तुल्यार्थानामन्येषां कर्मवत् कारको भवेत् । गोः ५अपादानकारकं कर्म । गां पयो दोग्धि । बलेः५ बलिं२ वसुधां याचते२ । अविनीतात्५ अविनीतं विनयं याचते वा । तण्डुलेभ्य ओदनं तण्डुलानोदनं पचति३ । गर्गेभ्यः गर्गान् शतं दण्डयति४ । व्रजे व्रजं गामवरुणद्धि५ । माणवकात् माणवकं पन्थानं पृच्छति६ । वृक्षात् वृक्षं फलं चिनोति७ । बालाय बालं वा धर्मं ब्रूते८, शास्ति वा९ । देवदत्तात् देवदत्तं वा शतं जयति१० । सुधायै सुधां वा क्षीरनिधिं मथ्नाति११ । देवदत्तात् देवदत्तं शतं मुष्णाति१२ । ग्रामात् ग्राममजां नयति१३, हरति१४, कर्षति१५, वहति१६ । एवमेतत्तुल्यार्थानामपि धातूनां प्रयोगाः कर्त्तव्याः । यथा भिक्षते भाषतेऽभिधत्ते वक्ति ।

---

* कारकप्रकरणे प्री= प्रथमा, द्वी= द्वितीया इत्यादिकं ज्ञेयम् । ed.

१४५. लीनं गुप्तम् अर्थम् । B

१४६. यस्मिन् प्रत्ययो भवति स उक्तः- इत्यधिकः पाठः । B

१४७. अत्र कर्ता कुलालः कर्तृप्रत्ययः तत्र प्री । B

१४८. अत्र छन्दोऽपूर्णम् । चि ब्रू शास् जिमथिमुषो नीहृकृषिवहस्तथा ॥ ed.

३४२. **अकर्मकधातुयोगे देशकालभावाध्वनां कर्मत्वम् ।**

कुरुक्षेत्रं स्वपिति । मासमास्ते । गोदोहं वर्षाऽभूत् । क्रोशं पर्वतः ।

गतिबुद्धिभक्षणार्थाऽकर्मकशब्दकर्मणाम् ।
दृशेश्चैवाऽणौ कर्ता यः स णौ हि कर्मसंज्ञकः ॥१॥
सूतकर्तृवहेर्नित्यं विकल्पेन हृक्रोस्तथा ।
जल्पतिप्रभृतीनां च वाऽऽ[१४९] त्यभिवादाऽर्थे दृशः ॥२॥
न नीवह्यादिखादीनां भक्षेरहिंसार्थस्य च ।
शब्दायतेश्च कर्ता तु न भवत्यत्र कर्म्मभाक् ॥३॥

उदाहरणानि ।

शत्रूनगमयत् स्वर्गं वेदार्थान् स्वानावेदयत् ।
आशयच्चामृतं देवान् वेदमध्यापयद् विधिम् ॥
आसयत्सलिले पृथ्वीं यः स मे श्रीहरिर्गतिः ॥

अण्यन्तानां किम् । गमयति देवदत्तो यज्ञदत्तम् तमपरः प्रेरयति । गमयति देवदत्तेन यज्ञदत्तम् । विष्णुमित्रः पाचयति अन्नं देवदत्तेन । नाययति वाहयति वा भारं भृत्येन । सूतोऽश्वान् रथं वाहयति । आदयति खादयति वाऽन्नं बटुना । अहिंसार्थस्य किम् । भक्षयति सस्यं बलिवर्दान् । अङ्कुराणां चैतन्यत्वाद् हिंसात्वम् । एवं जल्पयति भाषयत्यादयो बोध्याः । जल्पयति भाषयति वा धर्मं पुत्रं देवदत्तः । दर्शयति भक्तान् हरिम् । केवलज्ञानार्थस्य ग्रहणात् घ्रास्मृस्पृशां न ग्रहः । हारयति कारयति भृत्यं भृत्येन वा । अभिवादयते दर्शयते हरिं भक्तं भक्तेन वा । शब्दायति देवदत्तेन यज्ञदत्तः पुस्तकम्।

३४३. **अधिशीङ्स्थाऽऽसाऽभिनिविशुपाऽऽङन्वधि- वसामाधारे द्वी. ।**

अधिशेते अधितिष्ठति अध्यास्ते वा वैकुण्ठं हरिः । अभिनिविशते सन्मार्गम् । उपवसति आवसति अनुवसति अधिवसति कुरुक्षेत्रम् स्थाणुम् ।

३४४. **नोऽनशनार्थे[१५०]।**

उपवसति वने व्रतं करोत्यर्थे ।

१सर्वो २भया ३भितसो ४हा ऽ५न्तरेण ६विना ७अन्तरा ।
८ऋते ९प्रति १०धिग् ११निकषा १२उपा १३नु १४ समयो १५परि ॥१॥
एतैर्योगे द्वितीया स्यात् द्विरुक्तोपर्य्यधोऽधिभिः ।
अनुर्लक्षणतृतीयार्थे हीनोपाधिकेषु च ॥२॥
लक्षणेत्थंभूताऽऽख्याने भागवीप्साऽर्थका प्रतिः[१५१]।

---

१४९. वाऽऽति= वाऽऽत्मनेपदे (?) इत्यर्थः । ed.

१५०. लंघनार्थे- इत्यधिक: पाठः । C

१५१. पर्यनवश्चाभागेऽभिः । C

परिरनुश्चाऽभागेऽभिरधिपरी अनर्थकौ ॥३॥
सुपूजायामतिरतिक्रमणे पूजनेऽपि च ।
अपिः पदार्थदौर्लभ्ये स्वेच्छा निन्दासमुच्चये ॥४॥

नोक्तार्थे गतिसंज्ञकाः । जपमनु प्रावर्षत् । नदीमन्वसिता सेना नद्या सह सम्बद्धा । अनु हरिं सुराः । हरेर्हीनाः इत्यर्थे । (लक्षणे) वृक्षं प्रति पर्य्यऽनु वा द्योतते विद्युत् । इत्थंभूताख्याने भक्तो विष्णुं प्रति परि अनु वा । भागे लक्ष्मीर्हरिं प्रति परि अनु वा हरेर्भागः । वीप्सायाम् वृक्षं वृक्षं प्रति परि अनु वा सिञ्चति । अत्रोपसर्गप्रत्यादीनां नास्ति गतिसंज्ञा । अतो न षत्वम् । एष्वर्थेषु किम् परिषिञ्चति । अनु हरिमभिवर्तते । भक्तो हरिमभि । देवदत्तमभिषिञ्चति । अभागे किम् । यदत्र ममाभिष्यात् तद्दीयताम् । कुतोऽध्यागच्छति । कुतः पर्य्यागच्छति । गतिसंज्ञाया अभावात् नोदात्तत्वम् । सुसिक्तम्। सुस्तुतम् । पूजायां किम् । किं तवाऽत्र सुषिक्तम् । क्षेपोऽयम् । अति देवान् कृष्णः । सर्पिषोऽपि स्यात् । अत्र घृतस्य दौर्लभ्यं दर्शितम् । बिन्दुरिति शेषः । अपि स्तूयाद्विष्णुः। अपि स्तुहि । धिग् देवदत्तमभिस्तूयाद् वृषलम् । अपि सिञ्च । अपि स्तुहि । इति कर्मप्रवचनीयसंज्ञाया उदाहरणम् ।

३४५. **कालाध्वनोरतियोगे च द्वी. ।**

मासं कल्याणी । मासमधीते । मासं गुडधानाः ! क्रोशं कुटिला नदी । क्रोशमधीते । क्रोशं गिरिः । अतियोगे किम् । मासस्य द्विरधीते । क्रोशस्यैकदेशे पर्वतः। इति द्वी.२ ।

३४६. **अनुक्तकर्तृकरण-हेतु-विशेषणभेदकेषु त्री. ।**

अनुक्ते कर्तरि पाचयति अन्नं देवदत्तेन यज्ञदत्तः । (करणे) रामेण बाणेन हतो बालिः । हेतौ धनेन कुलं विद्यया यशः । विशेषणे जटाभिस्तापसः । भेदके[१५२] छात्रैरुपाध्यायमपश्यत् । अक्ष्णा काणः । दण्डेन घटः ।

३४७. **दिवसंज्ञयोर्वा कर्मणि ।**

त्री. अनु. । अक्षैः अक्षान् वा दीव्यति । मात्रा मातरं वा संजानीते ।

३४८. **पापे संदाणः चतुर्थ्यर्थे च ।**

त्री. अनु. । संयच्छते स्म गोप्या इष्टम् । श्रीशः संयच्छते श्रियै इष्टम् । पापे दास्या३ संयच्छते कामुकः ।

---

१५२. भेदके नास्ति । C तुलना- चान्द्रव्याकरणम्-'लक्षणे' (२.१.६६) ; तत्र वृत्तिः 'लक्षणे वर्तमानात् तृतीया स्यात् । कमण्डलुना छात्रमद्राक्षीत् । अक्ष्णा काणः । तेन ह्यङ्गेनाङ्गिनो विकृतिर्लक्ष्यते । अपिच, 'यद्भेदैस्तद्वदाख्या' हेमशब्दानुशासन २.२४६ तत्र 'अक्ष्णा काणः, पादेन खञ्जः, हस्तेन कुणिः इत्यादीनि वृत्तिगतान्युदाहरणानि। ed.

३४९. **फलप्राप्तौ कालाऽध्वनोरनुयोगे वा त्री. ।**

अह्ना क्रोशेन वाऽनुवाकोऽधीतः। फलप्राप्तौ किम् मासमधीतो नायातः अनुवाकः।

३५०. **कालादाधारे मानाद्वीप्सायां च ।**

त्री. वा अनु. ।

रोहिण्यां वा अभूत् कृष्णः रोहिण्याऽऽसीच्च चण्डिका ॥

माने ।

शतं शतं२ पयोऽपिप्यत् वत्सान्२ विष्णुः शतेन३ गाः ।
द्विद्रोणेन पञ्चकेन क्रीणाति वणिगोषधम् ।।
द्विद्रोणं पञ्चद्रोणं वा ।

३५१. **विना पृथक् नानाऽऽद्यून सह सम वर्ज्जनार्थयोगे च ।**

त्री.। नहि रदा विना नेत्रैः सुन्दराः सम्भवन्ति हि । घटेन पृथक् घटः । इन्द्रो मायाभिर्नाना । आदिना ऋतादीनां ग्रहः । ऋतं ज्ञानेन न मोक्षः । एकेन ऊनविंशः । एकोनविंशः । विकारेण रहितो विष्णुः ईशेन सहाऽर्च्यो विष्णुः । चन्द्रेण समो गुरुरुदितः । पापेन वर्ज्जितो भक्तः । इत्यादि ।

अथ ची.।। कर्त्ता कर्म्मक्रियाभ्यां वा यं सम्बध्नाति स सम्प्रदानम् । तत्र ची. ।।

३५२. **यस्मै दीत्साऽऽसूयाक्रोधेर्ष्यारुचिद्रोहस्थाश्लाघास्पृहयः सन्ति तादर्थ्ये च ची. ।**

विप्राय गां ददाति । कृष्णायाऽसूयति क्रुध्यति ईर्ष्यति द्रुह्यति नीचः । रामाय रोचते भक्तिः । कृष्णाय तिष्ठति श्लाघते स्पृहयति राधा ।

३५३. **राधीक्षशपाऽऽङ्प्रतिश्रुप्रत्यनुगृधार्य्युत्तमर्णार्थानां योगे ची.।**

कृष्णाय राध्यति ईक्षते शपते गोपी । ब्राह्मणाय गाम् आशृणोति प्रतिशृणोति प्रतिगृणाति अनुगृणाति च होत्रे तत्पश्चात् वदति । मुक्तये हरिं भजति । भक्तिर्ज्ञानाय कल्पते । व्रताय धारयति यज्ञोपवीतम् । देवदत्ताय शतं धारयति । हरिर्भक्ताय मोक्षं धारयति । उत्तमर्णः किम् देवदत्तस्य शतं धारयति ग्रामेऽन्येन ।

३५४. **तुमोऽयुक्तस्य कर्म्मणि च ।**

ची.। फलेभ्यो याति फलान्याहर्तुं याति । नमस्कुर्मो नरसिंहाय। नरसिंहम् अनुकूलयितुं नमति । यागाय याति यष्टुं याति ।

३५५. **शक्तहितार्थ नमः स्वस्ति स्वाहा च स्वधाऽलं वषडादि[१५३] योगे च।**

ची.। पापनाशाय शक्तो हरिः । बालाय हितं ब्रूयात् । ईशे नमः । राज्ञे स्वस्ति । इन्द्राय स्वाहा । पितृभ्यः स्वधा । चाणूरायाऽलं कृष्णः । देवाय वषट् । वौषट्

---

१५३. वषट्वौषट्हुंफट्योगे । B

हुंफट्योगेऽपि[१५४] । उपपदाश्रण्या विभक्तेः कारकविभक्तिर्बलीयसी । तेन नमस्करोति देवान् अत्र द्विरेव क्तिः ।।

३५६. **आशिषर्थे परिक्रीते च वा ची. ।**

सतां ६ सद्भ्यश्च ४ शं भूयात् । मुक्तये भक्तिः परिक्रीता सद्भिर्विष्णो रुषारिभिः । परिक्रयणं भृतिकरणम् । यथा शतेन शताय वा परिक्रीतः ।

३५७. **तिरस्कारे मन्यतेरप्राण्यनौकाकाऽन्नशुकशृगालकर्म्मणि च ।**

ची. वा । त्वां तृणं तृणाय वा मन्ये । श्यना किम् । त्वां तृणं मन्वे । त्वां नावं काकं अन्नं शुकं शृगालं न मन्ये । अत्र न ची. ।

३५८. **चेष्टायां गत्यर्थानध्वनि क्लृप्युत्पादयोश्च ।**

ची. वा । ग्रामाय ग्रामं वा गच्छति, एति वा । चेष्टायां किम् मनसा हरिं स्मरति। अनध्वनि किम् । पन्थानं गच्छति । अत्र तु भवति उत्पथेनाऽध्वना याति । वाताय कपिला विद्युत् । भक्तिर्ज्ञानाय कल्पते जायते । इति ची.।

अथ पी. ।

३५९. **यतो विभाग भी जुगुप्सा पराजय प्रमाद विरति ग्रहण भू रक्षा ऽन्तर्धी वारणं तदपादानं तत्र पी.।**

ग्रामादायाति । धावतोऽश्वादपतत् । व्याघ्राद् बिभेति । पापाज्जुगुप्सते । शतात् पराजयते । धर्मात् प्रमाद्यति । गृहाद् विरमति । विप्राद् गृह्णाति । हिमवतो गङ्गा उद्भवति । चौरात् त्रायते । कृष्णो मातुरन्तर्धत्ते । सस्याद् गां वारयति ।

३६०. **ल्यब्लुप्यन्याऽऽरादितरर्तेदिक्कालदेशाञ्चुत्तरपदाच् आहि योगे च पी.।**

हर्म्यात् पश्यति हर्म्यमारुह्य पश्यति । अन्यो भिन्नो वा इतरो वा बलदेवात् कृष्णः । वनात् आरात् । कृष्णात् ऋते । ग्रामात् पूर्वः, दिशि । काले चैत्रो वैशाखात् पूर्वः । कुरुक्षेत्रात् पूर्वे काशी । अत्र न कायस्य पूर्वम् । प्राक् प्रत्यग् वा ग्रामात् । आच् दक्षिणा ग्रामाद् । आहि दक्षिणाहि ग्रामात् । आ शैशवात् सेव्यो हरिः[१५५] । ग्रामाद् बहिः ।

अपपरी वर्जनार्थौ मर्यादायामाङ् चोच्यते ।
प्रतिनिधिप्रतिदाने प्रतिर्न गतिसंज्ञकाः ॥
एषां योगे प्रकर्त्तव्या बुधैर्नित्यं तु पंचमी ॥

अप हरेः परि हरेः संसारः । हरिं वर्ज्जयित्वा संसारोऽस्ति । लक्षणादौ तु हरिं परि । आ मुक्तेः संसारः । आ सकलात् ब्रह्म । प्रद्युम्नः कृष्णात् प्रति । तिलेभ्यो माषान् प्रतियच्छति ।

---

१५४. ....ऋषिभ्यः वौषट्। हुंफट् शत्रवे- इत्यधिकः पाठः । B

१५५. अत्र 'आ' इति पदम् प्रभृत्यर्थकम्, तद्योगे पञ्चमी । ''एवं वदता भाष्यकृता 'प्रभृत्यर्थकशब्दयोगे पञ्चमी' इति वचनं ज्ञाप्यते ।'' इति सिद्धान्तकौमुद्याम् (सूत्रसंख्या ५९५) बालमनोरमा । ed.

३६१. **दूरान्तिकार्थपृथग्विनानानाभिरस्त्रीगुणे च त्रिद्विप्यः ।**
वनेन वनं वनात् दूरम् अन्तिकं वा । पृथक् रामेण रामं रामात् । एवं नाना विना । जाड्येन जाड्यं जाड्याद् वा बद्धः । गुणे किम् धनेन कुलम् । अस्त्री किम् । बुद्ध्या मुक्तः । अद्रव्यार्थे एव भवति तेन दूरः पन्थाः । इति पी. ।
अथ षी. ।

३६२. **अतत्[१५६] तुल्यार्थहेतुयोगे सम्बन्धे च षी. ।**
अतत् अनेन देशकालदिशां ग्रहः । एष्वर्थेषु भवति । ग्रामस्य दक्षिणतः। पुरस्तात् उपरि उपरिष्टात् । कृष्णस्य तुल्यः । रामस्य समः । पठनस्य हेतोर्वासः । विष्णोर्दासः । राज्ञः पुरुषः ।

३६३. **स्मृत्यर्थे दयेश् असन्तापिज्वरपीडाऽर्थहिंसार्थजासिनिप्रहणनाटक्राथपिसां कर्म्मणि च।**
मातुः स्मरणम् । सर्पिषो दयनम् ईशनम् वा । चौरस्य रोगस्य वा उज्जासनम् । असन्तापि ज्वर किम् चौरसन्तापः । चौर्यं ज्वरो वा चौरकर्तृकः । सन्तापो ज्वरो वा निप्रौ यथासम्भवम्[१५७] । चौरस्य निप्रहणनम् । प्रहणनम् निहननम् । दुष्टस्य उन्नाटनम् । क्राथनम् । पेषणम् वा । हिंसाऽर्थे किं धानापेषणम् ।

३६४. **द्यूतार्थदिवस्तुल्यार्थव्यवहृपणो नाथकृञोराशि-गुणाऽऽधानयोश्च ।**
शतस्य दीव्यति । द्यूतेति किम् । ईशं दीव्यति स्तौतीत्यर्थः । शतस्य व्यवहरणम् । पणनम् । सर्पिषो नाथनम् । काष्ठं जलस्योपस्कुरुते, जलवत् आर्द्रगुणं धत्ते।

३६५. **वर्तमाऽधार-क्त-कृत्-कृत्वोऽर्थयोगे कर्तृकर्म्मणोः कालाऽऽधारे च ।**
षी.। वर्तमानक्ते । राज्ञां मतः पूजितो वा ।

मुकुन्दस्याऽऽसितमिदमिदं यातं रमापतेः ।
भुक्तमेतदनन्तस्येत्यूचुर्गोप्यो दिदृक्षवः ॥

कृद्योगे व्यासस्य कृतिः । कृत् किम् । तद्धिते मा भूत् । कृतपूर्वी कटम् । जगतः कर्ता विष्णुः । उभयप्राप्तौ कर्म्मण्येव । आश्चर्यो गवां दोहोऽगोपेन ।

३६६. **भविष्यणकेनिलोकाऽव्ययकिनिशखलर्थाऽऽतृनां[१५८] न ।**
षी. । सतः पालकोऽवतरति । इनि व्रजं गामी । शतं दायी । लकारादेशे तिङि । कुर्वन् कुर्वाणो वा सृष्टिं हरिः । उ । हरिं दिदृक्षुः । अलंकरिष्णुः वा । उकञ् दैत्यान्

---

१५६. 'षष्ठ्यतसर्थप्रत्ययेन' (अष्टा.२.३.३०) इति पाणिनीयसूत्रे तु अतस् इति । ed.

१५७. निप्रौ संहतौ विपर्यस्तौ व्यस्तौ वा- इति सिद्धान्तकौमुदी । ed.

१५८. तृन् इति प्रत्याहारः । शतृशानचौ इति तृशब्दाद् आरभ्य आ तृनो नकारात्- इति सिद्धान्तकौमुदी । ed.

घातुको हरिः । अव्यये जगत् सृष्ट्वा । सुखं भोक्तुम् । जगदुदधिः किप्रत्ययान्तः। हरिणा हता दैत्याः । हरिर्हतवान् दानवान् इति निष्ठा । खलर्थः ईषत्करः प्रपञ्चो हरिणा। आनच् सोमं पवमानम् आत्मानं मण्डयमानम् । शीलार्थे तृन् कटं कर्ता । अत्र न षी. । कमेस्त्वस्तु । लक्ष्म्याः कामुको हरिः।

३६७. **एनप्दूरान्तिकार्थकृत्यानां योगे वा ।**

षी. । दक्षिणेन ग्रामं ग्रामस्य वा । दूरं निकटं ग्रामाद् ग्रामस्य वा । मया मम वा सेव्यो हरिः । कृत्येति किम् । गेयो नरः साम्नाम् ।

३६८. **आयुष्याशिष्यमद्रभद्रकुशलसुखहिते ची. च ।**

आयुष्यम् चिरंजीवितं कृष्णस्य कृष्णाय वा भूयाद् । एवं मद्रं भद्रं (कुशलम्) सुखं (हितम्) शं वा भूयात् ।

३६९. **स्वामीश्वराधिपतिदायादसाक्षिप्रतिभूकुशलायुक्तनिपुणसाधुनिर्धारण-अनादरसुजार्थे षीप्त्यौ च।**

स्वामी विष्णुर्हि सर्वेषाम् साक्षी सर्वेषु श्रीहरिः ।
रात्र्यह्नि द्विरगुः कृष्णं गोप्यो रुदति (?) मातरि ॥

इति षी.। अथ प्ती.।

३७०. **निमित्तात्कर्म्मयोगाऽऽधारक्रियालक्षणेषु प्ती.।**

(केशेषु चमरीं हन्ति)[१५९] सीम्नि पुष्कलको हतः ।
राज्यार्थे मारिता म्लेच्छा गुरुणा गोविन्दरूपिणा ॥

भुवि घटः । कटे बालः । क्रियालक्षणे सूर्य्यास्ते चौर आगतः । वर्षति मेघे गुरुर्गतः । आधारस्त्रिधा । औपश्लेषिकोऽभिव्यापको वैषयिकश्च । कटे शेते । स्थाल्यां पचति । सर्वस्मिन्नस्ति हरिः । मोक्षेऽस्तीच्छा ।

३७१. **अधिके शाथोपाधिक्ते नि च ।**

प्ती.। उप परार्द्धे हरेर्गुणाः । अधिहरौ सुराः । तत्परिकराः वेदेऽधिपतिः।

३७२. **सर्वनाम्नो हेतौ त्रीष्यौ च ।**

केन हेतुना कस्य वा हेतोर्वासः ।

३७३. **निमित्तपर्य्यायोगे वा सर्वाः ।**

कस्य६ केन३ कम्२ कस्मिन्७ निमित्तं निमित्तेन वा। सर्वा विभक्तयो भवन्ति। अन्यच्छन्दःप्रकरणे ।।

।। इति कारकाणि ।।

।। इति शब्दज्योत्स्नायाः प्रथमो भागः।।

---

१५९. कोष्ठकान्तर्गतः पाठः सम्पादकेन योजितः । ed.

List of Sūtras
सूत्रसूची

सूत्रम्	सूत्रक्रमांकः
अकर्मकधातुयोगे	३४२
अकेदमदसोर्भिसो	२११
अकोऽकि	४२
अकोऽनः टौसोरश्च	२१०
अकः शसि	१२७
अक्त्यन्तं नाम	१२३
अक्ष् अस् तुस् इस्	२६१
अखरुसंयोगोपधगुणवाच्युतो	३१६
अङि धौ नाम्नो नो	२१३
अचोऽल्लोपः पूर्वाणो	२४८
अचः स्वराः	३६
अजले स्पृशेः	२५९
अजातान्तजातिपूर्वान्तो	३२२
अजाद्यतष्टाप्	२७७
अजोदन्ताऽनाङ् नि	७४
अञ्चतेः पूजायाम्	२५३
अणां भेदा वर्ग्या	९
अणोऽम्येङो	१२६
अतः टा भिस् ङे ङसि	१२९
अतत् तुल्यार्थहेतुयोगे	३६२
अतिसृ-चतसृ नामि	१३५
अतोऽवृद्धवयसो	३००
अत्यकन् यत्	२८७
अत्वसन्तस्य	२५४
अदर्शनं लोपः	२
अदसो दो मः	२५०
अदसो माद्	७३
अदान्तम्नोर्झलि	८५
अधिके शाथोपाधिक्ते	३७१
अधिशीङ्स्थाऽ	३४३
अधूगिदचां नुम्	२२१
अनच्हलां योगः	१३
अनञोऽर्वणस्त्रसा	२२३
अनडुह आम् वा	३१३
अनन्वादेशे तु वा	२४३
अनन्वादेशे पदोत्तर-	२४४
अनव्ययस्यातः	१११
अनिदितां धा नो	२४६
अनुक्तकर्तृकरण	३४६
अनुस्वारस्य बिन्दुः	३१
अनूक्ताविदमेतदा	२१२
अनृचि पादो वा	२८३
अनेकाचोरयोगपूर्व	१६९
अनेकाचोऽव्यक्ता	६३
अन्तर्वत्पतिवतोर्नुक्	३०४
अन्त्यस्य षष्ठ्युक्तङितौ	२६
अन्त्याचः परो मित्	२५
अन्त्याजादिष्टिः	२०
अन्यार्था उक्ता वर्णा इतः	१
अपादवाक्यादौ	२४१
अपालकान्तात् पत्न्यर्थे	३१८
अपो भिः	२६८
अप्रशान् नः छवि	१०१
अप्लु माऽऽङ्भ्यः छो	९५

सूत्रम्	सूत्रक्रमांकः	सूत्रम्	सूत्रक्रमांकः
ओमाङोश्च	६२	गोरवङिन्द्राग्राक्षेषु	६७
औतोऽम्	२३७	घेर्ङु जस्ङित्सु	१५१
औतोऽम्शसो:	१७४	ङौ चोत्तरपदे	२१४
✕ क ✕ ख जिह्वामूलीयौ	३४	चतुरनडुहोरामुदात्तोऽम्	२०३
कद्रुकमण्डलू वेदसंज्ञयो:	३३५	चाऽदिनिपाताश्चाव्ययानि	२७३
करणपूर्वक्रीताऽल्पार्थक्ताच्च	३२१	चेष्टायां गत्यर्थानध्वनि	३५८
कर्तुरुद्देश्यं वा कर्म	३४१	जराऽतोऽम् वा जरस्	१९१
कषसंयोगे क्ष:	९१	जराया जरस् वाऽचि	१४४
कस्कादयो नित्यसिद्धा:	१०४	जानपद - कुण्ड - गोण.	३१५
कान् द्विरुक्ते	१०३	ज् ट् श् ङ् प:	१२५
कारकाणां क:	३३	ज्योति: तनु शकुनि	२८९
कालाधारे	३५०	जस्शसो: शि:	१८७
कालाध्वनोरतियोगे च द्वि.	३४५	झय: शहो: छझषौ	८३
कु चु टु तु पु वर्गा:	१०	झरो झरि सवर्णे	९३
कुप्वो: ✕क ✕पौ च	१०८	झलचोर्नुम् शौ	१८८
केऽणो ह:	२९२	झलां जश् झशयन्ते च	४५
केवल मामक	३०३	झषन्तैकाचो	१६१
क्त्यन्तं पदम्	१७	ञमि अम् वा त्ये	७९
क्रोडादिसिहनञ्	३२८	ण्णित्त्द्धद्वयसज्दघ्नञ्मात्रच्	२९४
क्लीबाऽडभ्यामौ शी	१७६	टनभ्यां सि धुट्	८८
क्लीबात् स्वमोर्लुक्	१८६	टाङ्योरे	२४०
क्लीबे	१९४	टित्किदावाद्यन्तौ	२४
क्लीबे धौ नलोपो वा	२६९	डतरादिपञ्चभ्य:	१९०
क्लीबो ह:	१९२	डतिसंख्याष्णो जश्शसोर्लुक्	१६०
क्ष्य्यज्यय्क्र्य्या:	५०	डिति टेर्लोपो विंशतेस्त्वङि	१५४
खयि वा	११६	ढिद्व्यजम्बार्थानां ह: धौ	१६७
खरि चरोऽन्त्ये वा	८२	द्व्याम्नीभ्यो डेराम्	१५३
खप्परे शरि लोपो वा	१०७	द्वो द्वि लोप: पूर्वाऽणो	१२०
ख्यत्यात् ङसिङसोरुस्	१५८	तद्धितस्य त:	३०
गुणोऽदेङर्ल्	१२	तलुकि	३०१

सूत्रम्	सूत्रक्रमांकः	सूत्रम्	सूत्रक्रमांकः
परिमाणे पुरुषाद्वा	३०२	मामक- नरक-	२८८
परौ व्रजेः षः	२३२	मुखनासोक्तं वर्ण	८
पाककर्णपर्णपुष्पफ	३३०	मेलनं सन्धिः	१८
पाणिगृहीती पत्न्याम्	३२३	मो नो धोः	२०७
पाद दन्त नासिका	२४५	यकपूर्वस्य	२९१
पापे संदाणः	३४८	यञः ष्फः	२९७
पुमोऽख्ये खय्यम्परे	९९	यणां न लोपः	४७
पुंसोऽसुङ्	२६३	यतो विभाग१	३५९
पूर्वादिभ्यो नवभ्यो	१४१	यस्मै दीत्सा.	३५२
पूर्वोऽन्त्याद् धा	२१	युजेश्चाऽसे	२२९
पौर्वनिमित्तादेकाच्कृदुत्तरपदे	२१८	युवाऽऽवौ	२३६
प्रत्ययस्य त्यः	१९	युष्मदस्मदोः	२३५
प्रत्याहारेषु इतां न ग्रहणम्	६	युष्मदस्मस्द्भ्यां	२३९
प्रथमचरमतया	१४२	यूनस्तिः	३३९
प्र- वत्सर.	५६	यू स्त्रीलिङ्गे ढि	१६४
प्रादिः सर्गः,	२३	योगादिपरो	१४
प्रादूह ऊढ ऊढी	५५	योगान्तस्य	४६
प्रि - द्वि - त्रि	३८	यो वाऽचि	११७
फलप्राप्तौ काला.	३४९	रजस्य च	११५
बहुव्रीह्यूधस्षिद्गौरादेः	३१२	१राधी२क्ष३शपाऽऽङ्प्रति४श्रु	३५३
बह्वादेरक्तिनः कृदिकाराद्	३१७	रै रा हलि	१७५
भविष्यणकेनिलोका	३६६	ल्यब्लुप्यन्याऽ	३६०
भो भगो अघो	११२	वयोवाचकत्रिचतुर्भ्यां	३१०
भोराजन्यविशां	७२	वर्णविरोधो लोपश्	३
भ्वादिर्धुर्धातुः	१५	वर्तमाऽधारक्तकृत्	३६५
मघोनो मघवतृ सुटि	२२०	वर्षा- दृन्- कर- पुनर्-	१७३
मनोरौ	३०८	वसुस्रंसुध्वंस.	२०५
मन् न् भ्यां वा डाप्	२८५	वसोः स्प्रिः	२६२
मन्यवलपरे हे	८७	वाक्यस्य टेः	७०
माद् बत्वे च इ	२६६	वा क्लीबस्य	२७०

Bibliography
सहायकग्रन्थसूची

अष्टाध्यायी (पाणिनि) : सं॰ एस.एम. कात्रे, मोतीलाल बनारसीदास, दिल्ली–1989

उपनिषत्संग्रह : सं॰ जगदीश लाल शास्त्री, मोतीलाल बनारसीदास, दिल्ली–1980

ऋक्तन्त्र : सामवेदीय प्रातिशाख्य, सं॰ सूर्यकान्त, मेहरचन्द लछमनदास, दिल्ली–1970

ऋग्वेदसंहिता : सायणभाष्यसहित, सं॰ एन.एस. सोनटक्के, वैदिक संशोधन मण्डल, पूना–1933–46

गोपथब्राह्मण : सं॰ राजेन्द्र लाल मित्र, इण्डोलोजिकल बुक हाऊस, दिल्ली–1972

जैनेन्द्रव्याकरण (देवनन्दी) : सं॰ शम्भुनाथ त्रिपाठी, भारतीय ज्ञानपीठ, काशी–1956

मुण्डकोपनिषद् : द्र॰ उपनिषत्संग्रह।

महाभारत (व्यास) : उद्योगपर्व, सं॰ सुशील कुमार डे, भाण्डारकर ओरियण्टल रिसर्च इंस्टीट्यूट, पूना–1940

यास्कीय निरुक्त : सं॰ वी.के. राजवाडे, भाण्डारकर ओरियण्टल रिसर्च इंस्टीट्यूट, पूना–1940

लघुशब्देन्दुशेखर (नागेश) : सं॰ श्री गुरुप्रसाद शास्त्री, भार्गव पुस्तकालय, बनारस सिटी–1936

वाल्मीकिरामायण : किष्किन्धाकाण्ड, सं॰ डी.आर. मनकड, ओरियण्टल इंस्टीट्यूट, बड़ोदा–1965

वैयाकरणसिद्धान्तकौमुदी (भट्टोजिदीक्षित) : क) बालमनोरमातत्त्वबोधिनीसहित, मोतीलाल बनारसीदास, दिल्ली–1975–77

ख) सं॰ पी.वी. नागनाथ शास्त्री, मोतीलाल बनारसीदास, दिल्ली– 1974–1983

व्याकरणमहाभाष्य (पतञ्जलि) : सं॰ काशीनाथ वासुदेव अभ्यंकर, भाण्डारकर ओरियण्टल रिसर्च इंस्टीट्यूट, पूना–1962–72

शब्दज्योत्स्ना (भिक्षाराम) : सन्धिपर्यन्त, सं॰ श्री गौरी शंकर, कुरुक्षेत्र विश्वविद्यालय, कुरुक्षेत्र–1958

शब्दानुशासन (मलयगिरि) : सं॰ बेचरदास जी. दोशी, लालभाई दलपतभाई, भारतीय संस्कृति विद्यामन्दिर, अहमदाबाद–1967

शुक्लयजुः प्रातिशाख्य : सं॰ आर.टी.एच. ग्रीफिथ, बनारस संस्कृत सीरीज, बनारस–1888

संस्कृतव्याकरणशास्त्र का इतिहास : युधिष्ठिर मीमांसक, प्रथम भाग, रामलाल कपूर ट्रस्ट, बहालगढ़ (सोनीपत)–1984

सामतन्त्र : सं॰ ए.एम. रामनाथ दीक्षित, बनारस हिन्दू विश्वविद्यालय, वाराणसी–1961

सारस्वतव्याकरण (अनुभूतिस्वरूप) : सं॰ नव किशोर शास्त्री, चौखम्बा संस्कृत संस्थान/सीरीज ऑफिस, वाराणसी–1971, 1985

हिस्टरी ऑफ एंसियण्ट संस्कृत लिटरेचर : एफ. मैक्स मूलर, चौखम्बा संस्कृत सीरीज ऑफिस, वाराणसी–1968

हेमशब्दानुशासन (हेमचन्द्र) : स्वोपज्ञबृहद्वृत्ति–न्यायसारसमुद्धारसहित, प्रकाशक भेरूलाल कनैयालाल रिलिजीयस ट्रस्ट, चन्दनबाला, बम्बई–1985–1986

Colophon of the *Śabdajyotsnā*

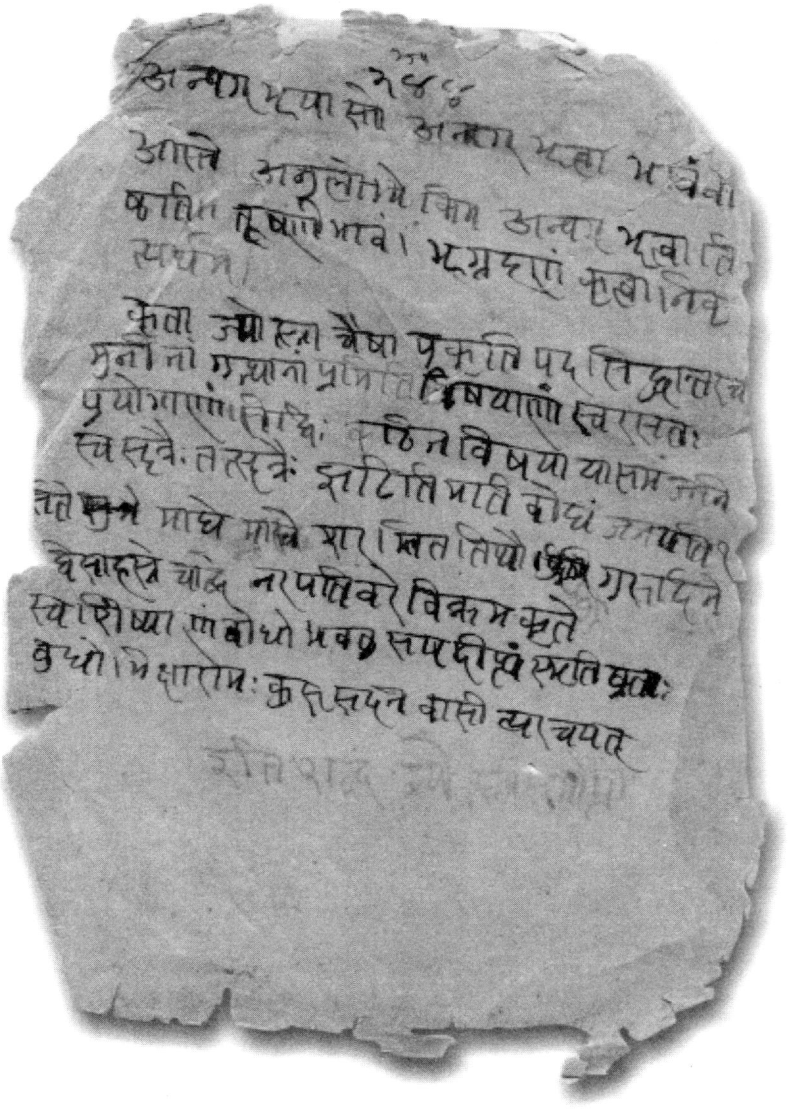

शब्दज्योत्स्नापुष्पिका